UND DANN WAR ES LEICHT

Hrsg. von: Saskia Savita Schulte, Shailia Stephens und Lea Maria Wernli

ISBN: 9798834945536

Imprint: Independently published

Umschlaggestaltung: Indiego • Lektorat & Redaktion: Saskia Savita Schulte und Sara-Duana Meyer

Hinweise der Herausgeberinnen:

Haftung: Dieses Buch informiert über Selbsthilfemethoden und wurde von den Autorinnen nach bestem Wissen und Gewissen recherchiert. Wer sie anwendet, tut dies auf eigene Verantwortung. Eine Haftung wird ausgeschlossen. Autorinnen und Herausgeberinnen beabsichtigen nicht, Diagnosen zu stellen oder Therapie-Empfehlungen zu geben. Die hier beschriebenen Verfahrensweisen sind nicht als Ersatz für professionelle Behandlung bei ernsthaften gesundheitlichen Problemen zu sehen. Dieses Buch enthält außerdem Links zu externen Websites Dritter. Für diese fremden Inhalte übernehmen Autorinnen und Herausgeberinnen keine Gewähr.

Abgrenzung zur Psychotherapie: Coaching ist keine Therapie und ersetzt diese auch nicht. Coaching basiert auf einer Coach-Klienten-Beziehung, die durch ein partnerschaftliches Miteinander gekennzeichnet ist und dabei die Rolle des Coaches klar von Therapeuten und Ärzten abgrenzt. Das Ergebnis eines Coachings stellt nicht die Linderung psychischer Beschwerden dar, sondern die individuelle Weiterentwicklung des Klienten, womit eine Steigerung seiner allgemeinen Lebensqualität einhergeht.

UND DANN WAR ES LEICHT

Wie 20 Menschen Lebensfreude und inneren Frieden wiederfanden – und wie auch du leichter leben kannst

HERAUSGEGEBEN VON: SASKIA SAVITA SCHULTE
SHAILIA STEPHENS LEA MARIA WERNLI

Besuche unsere Webseite: leichter-leben-buch.com

Anmerkung der Herausgeberinnen

Das Autorenhonorar dieses Buches wird für einen guten Zweck gespendet: der Übersetzung der Werke von Sydney Banks ins Deutsche, um sie viel mehr Menschen zugänglich zu machen.

Inhalt

Vorwort von Dicken Bettinger

In diesem Buch findest du Geschichten der Verwandlung: Geschichten von Menschen, denen bestimmte Erkenntnisse und Einsichten dabei halfen, eine höhere Form des Wohlbefindens zu erreichen. Es sind ganz normale Menschen, Menschen wie du und ich.

Jede Person in diesem Buch ist den sogenannten Drei Prinzipien in Form von Geschichten oder Metaphern begegnet. Und es waren diese Prinzipien, die bei den Zuhörenden zu Veränderungen in ihrem eigenen Wohlbefinden führten.

Jedem Menschen wohnt ein Ort der Stille inne. Doch erst, wenn der Geist zur Ruhe kommt, ist es möglich, sich der wunderbaren Gefühle bewusst zu werden, die in dieser Stille existieren. Diese Gefühle des Wohlbefindens sind uns angeboren und jeder von uns hat Zugang zu ihnen, wenn unser Geist offen und empfänglich ist. Die Drei Prinzipien helfen den Menschen, diesen Zustand geistiger Ruhe zu erreichen.

Also, was sind diese Drei Prinzipien? Physiker, die die Energie unseres Universums messen, sagen in ihrer Forschung, dass nur 4 % dieser Energie Form haben. Darin beinhaltet sind alle Sterne und Planeten sowie alle subatomaren Teilchen, die als Form erscheinen. Die restlichen 96 % der Energie des Universums bestehen aus formloser Energie. Wissenschaftler

Menschen in psychiatrischer Behandlung, Psychotherapeu
und Therapeutinnen, von Gewalt dominierten Gemeinschaf
und Menschen, die an Suchtkrankheiten leiden. Projekte,
mit diesen Gruppen arbeiten, sind erforscht worden und hal
bewiesen, dass das Verständnis der Drei Prinzipien das Wohl
finden der beteiligten Personen steigert.

Die Drei Prinzipien vermitteln eine Botschaft der Hoffnu
Jeder Mensch trägt ein ureigenes Wohlbefinden in sich,
nicht zerstört oder verändert werden kann. Jeder Mensch
direkten Zugang zu diesem Wohlbefinden und kann ler
seinen Verstand weiser zu nutzen. Jeder kann die Antwo
auf seine Probleme in sich selbst finden und jeder Einzelne k
mehr Liebe und Verständnis in die Welt bringen.

Ich möchte dich bitten, diese Geschichten mit dei
Herzen und nicht mit deinem Verstand zu lesen. Die tiefe W
heit der Drei Prinzipien wird dich auf einfühlsame und m
lose Weise zu deinem eigenen Wohlbefinden führen. Bed
dass dein Denken dein Wohlbefinden steuert. Wenn
störende Gedanken loslässt und zu einem ruhigen Geist fin
hast auch du Zugang zu jenen wunderbaren Gefühlen,
denen du bisher nur geträumt hast: mehr Frieden, Freude,
und Mitgefühl.

*Dr. Dicken Bettinger, Ed.D., klinischer Psychologe im Ruhe
international bekannter Seminarleiter für die Drei Prinzipie
Mitautor von Der Weg nach Hause: Entdecke das Fundament
psychischen Wohlbefindens.*

Nichts war mehr wie vorher

von Lea Maria Wernli

Hey du, ja, genau du. Vielleicht weiß ich, wie du dich fühlst.

Meine Güte, wie sehr habe ich mich geschämt. Ich habe mich unglaublich geschämt dafür, dass ich dieses wunderbare Leben, das ich hatte, nicht genießen konnte.

Ich war immer wieder überfordert, angespannt, tief in meinen Geschichten über Vergangenheit, über Schuld und Scham verstrickt. Ich hatte einen wunderbaren Mann, zwei gesunde, großartige Jungs und gute Jobs.

Dennoch suchten mich die Gefühle der Überforderung und der Wut heim. Ich dachte, ich sei eine schlechte Mutter, eine schlechte Ehefrau und dass ich als Tochter und Freundin einfach nichts taugte. Wenn die Gefühle zu stark wurden, habe ich ZU VIEL, nicht nur ein wenig zu viel, sondern VIEL ZU VIEL getan: zu viel gegessen, zu viel gekauft, zu viel geredet, gestritten oder nach Aufmerksamkeit im Außen gelechzt.

Manchmal habe ich auch getrunken. Es war nicht täglich, nicht oft, aber es gab diese Stimme in mir, die sagte: „Ich darf das jetzt. Mit Freundinnen feiern, sehen und gesehen werden. Ich darf mir etwas gönnen. Der Alltag ist anstrengend genug." Und dann wurden manchmal aus einem Glas zwei und dann drei. Das Gespräch war zuerst spannend und die Tanzfläche verlockend. Aber ich konnte nicht nach Hause gehen, als es am schönsten war. Ich blieb. Aus einem Glas wurden viel zu viele. Und dann lag ich später im Bett und habe mich ganz tief geschämt.

Nach solchen Nächten konnte ich nicht verstehen, wie ich immer wieder entgegen all meiner Werte handelte. Am nächsten Tag packte ich wieder Schuld und Scham obendrauf. Ich verurteilte mich für all die Dinge, die ich gesagt oder getan hatte, wollte im Erdboden verschwinden.

Oh mein Gott, ich habe alles probiert, um das zu ändern. Ich war in Therapie, ich habe meine Vergangenheit durchleuchtet, analysiert, habe mit Energien und vergangenen Leben gearbeitet, körperlich, mental, psychisch und physisch – und ich dachte immer: Es kann doch nicht sein, dass es für mich keine Lösung gibt. Ich fühlte mich gebrochen, immer wieder, oder zumindest angeknackst. Ich habe meine Risse bepinselt, golden bemalt, dann wieder aufgerissen und wieder zusammengeklebt. Immer blieb ein kleines, schales Gefühl zurück.

Mit der Zeit besserte es sich, meine Dämonen zeigten sich seltener, aber ich schaute noch immer über meine Schulter zurück. Ich war immer diese eine Portion extra achtsam.

Immer ein Stück angestrengt.

Ich sehe dich. Ich spüre dich. Du versuchst alles, du gibst nicht auf und doch wirst du müde und dann geschieht es erneut, dann passiert es wieder. Der Dämon steht hinter dir und zack – du bist ausgeliefert. Du kannst dich nicht wehren, es fühlt sich so verdammt echt und real an. Der Druck ist so groß, dass du dir sagst: „Ach komm, ein Glas, ein Paar Schuhe oder die Chips ... es kommt sowieso nicht mehr drauf an."

Und dann landest du dort, im Keller, die Laune sinkt, die Schuld ist groß. Du landest dort, wo du nicht sein willst. Dort, wo du weißt, dass jeder weitere Schritt nur ins Verderben führt. Du bist dir nichts mehr wert dort. Nichts ist für dich von wert. Wie auch. Es ist nur dunkel, schwarz, ausweglos. Und die Gewohnheit, die Sucht, das Tun erscheint wie ein kleines

Kuscheltier. Es erscheint wie eine Möglichkeit, Licht, ein Fünkchen Menschlichkeit vielleicht, ein wenig Kontrolle im unkontrollierbaren Chaos der Gefühle. Und dann bist du dort und es wird ein klein wenig ruhiger. Für einen kurzen Moment etwas angenehmer.

Du atmest ein, du atmest aus und dann schließt du die Augen. Ja, es wird wieder hell werden, aber nicht in diesem Moment. Da ist es einfach dunkel. Und du legst dein Gesicht auf den Boden. Auf den kalten Boden.

Dann eines Tages, ja, da hat es „Boom" gemacht, ich erwachte. Zu einem Zeitpunkt, als ich nicht mehr gesucht habe. Ich hatte mich zu dieser Zeit mit „angekratzt", „gebrochen", „noch nicht ganz heil" irgendwie angefreundet. Ich war manchmal traurig, aber doch auch versöhnt mit diesem „Nicht-ganz-okay-Sein".

Und dann, mitten in der Nacht …

Das Buch fällt auf den Boden, unnatürlich laut. Ich bin eingeschlafen mit Michael Neills Buch „The Space Within" auf der Brust. Der letzte Satz hallt in mir nach: „Wir sind alle spirituelle Wesen, die eine menschliche Erfahrung machen."

Ich stehe auf. Bleibe mitten im Zimmer stehen und spüre das Bewusstsein durch mich und durch jedes lebendige Wesen. Ich erkenne. WIR SIND ALLE EINS. ALLE IMMER JETZT.

Da bleibe ich stehen. Mitten im Zimmer. Nicht mehr ganz von dieser Welt und doch plötzlich angekommen. Lebendig. Hier und jetzt. Mein kleiner Aha-Moment, der meine Welt erschüttert. Ich bin hellwach. Aufgewacht in diesem Leben. Ich bin nicht gebrochen, bin immer ganz und heil gewesen.

Oh, wow, und der Tag danach fühlte sich an, als ob ich den größten Kater meines Lebens hätte. Ich war müde, zerbrechlich, aufgewühlt. Und gleichzeitig so berührt, roh und nackt. Ich war allein zu Hause mit meinen beiden Söhnen und saß auf der Treppe, tränenüberströmt, erleichtert und erschöpft. Und dann kam die nächste Einsicht, mit einer Wucht.

Ich sah mich um. Meine beiden Jungs, die gerade noch auf dem Korridor gerangelt haben, waren draußen vor der Türe. Ich hörte ihr Lachen und ihr Streit war vergessen. Ich erkannte: „Ich fühle meine Gedanken. Wir alle fühlen nur immer unsere Gedanken, von Moment zu Moment. Verdammt, es ist wahr. Ich fühle nicht die Jungs, nicht ihren Konflikt ... ich fühle meine Gedanken über mich und die Welt."

Ich habe geweint und meiner Gedankenstimme gelauscht, die unaufhörlich lamentierte, was ich für eine schlechte Mutter sei, dass meine Söhne sich nicht benehmen könnten. Dass ich nicht mehr könne ...

Der Satz „Ich kann nicht mehr" war wie ein Echo in meinem Kopf. Es lamentierte und doch hatte ich einen AHA-Moment. Inmitten des Gefühlschaos waren mein Bewusstsein und mein neues Wissen über die Gedanken zufällig zur selben Zeit am selben Ort.

Das bedeutet, dass ich es spüren, sehen, schmecken konnte. Die Magie hinter dem Leben. Wir sind lebendig, wir denken und fühlen und wir können das alles auch noch bewusst wahrnehmen. Das alles wurde für einen Moment sichtbar. **Ich war ganz im Moment und spürte die Treppe unter mir, den leichten Luftzug von draußen, hörte die Stimmen meiner Jungs, fühlte die Liebe für sie und das Leben.**

Ich war erneut ganz im Moment. Und das veränderte alles. Es fühlte sich an, als ob sich der Schleier gelüftet hätte. Aus Grau wurde wieder Bunt.

Ich stand auf und von dem Moment an fiel ich in einen Fluss von „bewussten Einsichten". Ich staunte von morgens bis abends. Diese ersten Einsichten ließen mich zur Schönheit des Menschseins, zur Schönheit des Lebens wieder erwachen. Ich spürte das Leben, das Leben durch mich und durch all die Menschen um mich herum fließen. Ich erkannte die Wahrheit darin, dass wir alle denken und fühlen, dass wir alle lebendig

sind und das Bewusstsein haben, zu erkennen, wo wir uns gerade befinden: im Leben oder im Kopf.

Diese neue Sicht, dieses neue Erleben veränderte alles in meinem Leben. Veränderte meine Erfahrung. Ich konnte endlich all das genießen, was ich hatte. All diese wunderbaren Dinge, all diese Menschen, all diese Facetten des Menschseins. Ich erinnerte mich an den Ort in mir, wo ich Mensch und sogar mehr als Mensch war – Essenz, lebendige Energie.

Ich fühlte mich daraufhin ständig wie ein kleines Kind. Ich entdeckte die Welt neu, spürte, dass ich in jedem Moment geleitet bin, dass ich das Leben, die Weisheit, die Intuition immer auf meiner Seite hatte, von Moment zu Moment. Immer da. Oft leise und doch kristallklar ... es fühlt sich bis heute so an, als sei ich mit etwas Größerem „tief verbunden" und doch ganz bei mir. Ich wurde mehr ich selbst, ohne dem so unermesslich viel Bedeutung beimessen zu müssen.

Heute bin ich nach wie vor jeden Tag zutiefst dankbar. Ich weiß, dass meine Erfahrung des Lebens eine andere wäre, hätte es jenen Moment nicht gegeben. Es wäre auch ein Leben gewesen, aber nicht ein solches Leben, wie ich es jetzt habe: ein Leben mit so viel Ruhe, Klarheit und Gelassenheit. So viel Liebe, Verbundenheit und Kreativität. Ein Leben mit all den Vorteilen, die ein ruhiger Geist und das Wissen um die lebendige Kraft, die durch uns wirkt, mit sich bringen.

Und falls du dich fragst, wie es mir jetzt geht?

Es ist fast magisch, ja, fast zu gut, um wahr zu sein. Mein Leben ist richtig gut. Mein Leben ist tief und klar und leicht. Die Bäume sind grüner heute. Der Kaffee schmeckt besser. Ich genieße meine Kinder. Die Beziehungen zu meinem Liebsten, meiner Familie und meinen engen Freunden sind einfach saugut. Mit den Menschen, die heute in meinem Leben sind, habe ich keine Dramen. Es gibt kein „Ich möchte dich nie mehr sehen", es gibt auch kein „Ich kann dir nicht mehr in die Augen schauen". Wenig Scham und Schuld, stattdessen viel Freude und Leichtigkeit.

Natürlich ist da noch immer das Menschsein, aber ich navigiere die menschlichen Gefühle leichter und einfacher. Ich bin weniger persönlich betroffen. Die alten Gewohnheiten sind fast alle weg. Ich esse und genieße es meistens. Und wenn ich mal etwas ZU VIEL bin, dann weiß ich, dass es Zeit ist, etwas langsamer zu werden.

Ich habe drei Jahre gar nichts getrunken. Heute trinke ich selten. Alkohol ist noch immer nicht gesund für mich, aber ich weiß, dass ich mir vertrauen kann und nicht mehr im Keller erwache.

Ich coache, bin Mentorin, schreibe oft und bilde Menschen in dem Verständnis der Drei Prinzipien zu Coaches aus. Dieser Beruf ist der beste für mich auf der ganzen Welt. Ich bin täglich dankbar, dass ich über dieses Verständnis vom Leben gestolpert bin.

Ja, ich stehe noch immer um sechs Uhr morgens auf und mache Frühstück. Heute aber selten erschöpft, da ich so viel tiefer schlafe. Ich habe Launen. Manchmal geht es hoch und dann wieder runter. Diese menschlichen Launen habe ich auch. Ich weiß aber, dass ich meinen Gefühlen vertrauen kann. Sie sind heute nicht mehr die größten Feinde, sondern meine allerbesten Freunde. Ich spüre, wenn es eng wird, wenn ich genervt, traurig, angespannt bin – und spüre darin den Liebesbrief mit der Botschaft an mich, doch bitte innezuhalten. Bewusst zu werden und zu tun, was auch immer mir gerade guttut. Spazieren, schlafen, Kaffee trinken, auf dem Balkon auf meiner Bank sitzen. So kann die Gedankenenergie ungehindert durch mich durch fließen und es kommt der nächste frische Gedanke. Das ist diese wunderbare Gedankenenergie, mit der wir das Leben kreieren. Wenn wir uns nicht in unseren sorgenvollen Gedanken verlieren, wenn wir ruhiger werden, dann kommen immer wieder neue Impulse, neue Ideen für unser Leben durch.

Von Moment zu Moment. Und ich weiß, dass ich ganz heil und perfekt bin, egal wie ich mich gerade fühle.

Dieses Gefühl, dieses Wissen, verbunden mit meiner Intuition, das ist die echte Navigation durchs Leben. Von dort aus bin ich in der Welt und habe eine wunderbare menschliche Erfahrung dabei. Ich bin mehr zu mir geworden. So kann ich diese menschliche Erfahrung viel mehr schätzen und mich diesem Leben auch immer wieder in die Arme werfen.

Das Hoffnungsvollste für mich ist aber, dass das alles für dich auch möglich ist. Dieses leichte Leben ist keine Spezialität von mir, dieses leichte Leben ist für alle Menschen gedacht. Für dich und mich. Du kannst hier und jetzt für einen Moment innehalten. Spürst du das Leben? Was denkst du gerade und wie fühlst du dich? Oder: Was denkst du gerade und wie fühlst du dich, wenn du das denkst? Spürst du den Unterschied dazu im Vergleich zum Gefühl zu leben, präsent zu sein?

Halte inne, hebe kurz den Kopf. Siehst du den Himmel? Hinter den Wolken ist er immer blau. Du bist immer heil, immer ganz und hast ein inneres Wissen, das dich in jedem Moment begleitet.

Lea Maria Wernli *ist Coach und Mentorin, sie sieht schlecht und hört dafür umso besser zu. Nach einer tiefen Einsicht über das Menschsein hat sie sich wieder ins Leben verliebt und begleitet ihre Kundinnen liebevoll, aber auch mal streng oder mit ein paar ordentlichen Flüchen zu ihrer wahren Natur. Heute ist sie nur noch süchtig nach guten Geschichten und Kaffee.*

http://leichter-leben-lounge.com

Versöhnung mit Frau Rottenmeier

von Beatrice Häcki

Ich hatte eine, wie man so schön sagt, Bilderbuch-Kindheit. Ich bin mitten in der Schweiz, etwas abseits eines ländlichen Dorfes in einem kleinen, gemütlichen Holzhaus aufgewachsen. Rundherum keine Nachbarn, nur grüne Wiesen, Obstbäume und Gemüsegarten. Ich liebte es, mit meinen zwei Schwestern draußen zu sein und in Rollenspiele einzutauchen. Dabei ging es meist um Nachahmungen von Pippi Langstrumpf mit Tommy und Annika. Unsere Eltern überhäuften uns mit Liebe und gaben ihr Bestes, um uns alles zu bieten, was es für eine gesunde Entwicklung brauchte.

Ich freute mich unheimlich darauf, in den Kindergarten zu gehen. Ich erinnere mich heute noch lebhaft an die wundervollen Lieder, Spiele und Basteleien. Auch der Eintritt in die Schule bereitete mir keine Probleme. Ich war eines dieser Kinder, die gerne und leicht lernten. Ich eckte nie an, hatte Freunde, war sportlich und stets fleißig und pflichtbewusst. Ich erinnere mich gerne an diese unbeschwerte Zeit zurück.

Wann ich angefangen habe, mir viele Gedanken über mich selbst zu machen, kann ich nicht genau sagen. Aber eine dieser Stimmen in meinem Kopf, die immer wieder gerne zu Besuch kam, ist mir noch allzu gut bekannt: „Du musst dich mehr anstrengen. Du musst es noch besser machen. Die anderen machen es perfekter." Es ist nicht etwa so, dass mir das meine Eltern oder meine Lehrer*innen gesagt hätten. Irgendwann fing ich einfach an, mich mit anderen zu vergleichen, und kam immer wieder zum selben Schluss: „Ich genüge nicht!"

Ich kann mich erinnern, dass ich erstmals schulische Probleme hatte, als ich ans Gymnasium kam. Da wurde meine „heile Welt", wie ich sie bislang erlebt hatte, gefühlt auf den Kopf gestellt. Die Vergleiche mit anderen wurden fast krankhaft. Überall sah ich potenzielle Bedrohungen und ich hatte ständig Angst. Ich hatte Angst davor, kritisch angeschaut zu werden. Angst davor, dass andere schlecht über mich denken und sprechen könnten. Angst davor, nicht dazuzugehören. Angst davor, verspottet zu werden. Angst davor, schlechte Noten zu kriegen. Angst davor, nicht zu genügen. Angst davor, zu scheitern. ANGST!

Das Ende des Gymnasiums war für mich eine Art Befreiung. Ich dachte mir: Nun kann ich mich neu erfinden. Ich kann von Neuem andere Menschen kennenlernen und endlich so sein, wie ich wirklich bin. Falsch gedacht. Die Vergleiche gingen weiter. Ich ging 2006 an die Pädagogische Hochschule in Luzern, weil für mich bereits zu Beginn der Gymnasialzeit klar war, dass ich Kindergärtnerin werden möchte. Dort habe ich zwar wundervolle Menschen kennengelernt, jedoch war ich so dermaßen auf die laute Stimme in meinem Kopf fokussiert, dass ich wahrscheinlich selten wirklich präsent war. Die Stimme peitschte mich innerlich an, es besser zu machen, mich mehr anzustrengen, mich besser zu kleiden und zu frisieren und um Himmels willen ja nicht zu versagen!

Dann kam der Tiefpunkt. Ich war bereits ein halbes Jahr an der Pädagogischen Hochschule und arbeitete halbe Nächte lang durch, um gute Lektionen für den Kindergarten vorzubereiten. Ich absolvierte gerade mein erstes, längeres Praktikum in einem wunderschönen, idyllisch gelegenen Kindergarten mit einer sehr kompetenten, freundlichen Praxislehrperson. Eigentlich die besten Voraussetzungen, um viele wertvolle Erfahrungen zu sammeln. Ich kann mich gut daran erinnern, dass ich die

Aufgabe hatte, eine Lektion vorzubereiten, in der ich den Kindern etwas aus einem Bilderbuch erzählen sollte. Ich wusste, dass bei dieser Lektion meine Mentorin zum Unterrichtsbesuch kommen würde. Die Nacht zuvor hatte ich kaum geschlafen, weil ich mit meiner Vorbereitung einfach nicht zufrieden war und die Stimme im Kopf nicht Ruhe geben wollte, dass es noch nicht gut genug sei. Also startete dieser Tag bereits mit einem Druckgefühl auf der Brust und erhöhtem Puls. Meine Gedanken wanderten immer wieder zu dieser Lektion und mein Kopf spielte mir die kuriosesten Szenarien vor, was alles schiefgehen könnte. Kurz bevor ich die Lektion dann halten sollte, hatte ich einen Nervenzusammenbruch. Mein Herz klopfte wie wild und ich bekam kaum noch Luft. Ich musste den Raum verlassen und sank draußen in der Garderobe tränenüberströmt zu Boden.

Wir zuvor gesagt, hatte ich die besten Voraussetzungen, um ein wunderbares Praktikum zu absolvieren. Meine Praxislehrperson reagierte sehr verständnisvoll und übernahm den Rest des Morgens. Meine Mentorin kümmerte sich rührend um mich und bot mir zahlreiche Möglichkeiten an, mich zu unterstützen. Als ich mich wieder etwas beruhigt hatte, wurde mir klar, dass ich eine Auszeit brauchte. Ich war überrascht, wie flexibel meine Mentorin und die Hochschule damit umgingen. Ich durfte von heute auf morgen alles abbrechen und im Sommer nochmals neu beginnen. Die Module, die ich bereits absolviert hatte, würden mir angerechnet werden.

Man sollte meinen, es hätte mir Erleichterung verschafft, diese Auszeit zu bekommen. Aber ich wurde von einer weiteren Lawine von Gedanken überrollt. Mein Perfektionistenkopf wollte es nicht wahrhaben, dass ich abgebrochen hatte. Ich hörte den Satz „Ich habe versagt" in Dauerschleife, begleitet von: „Warum schaffe ich das nicht? Alle anderen können das, warum ich nicht? Was stimmt nicht mit mir?" So genau kann ich mich nicht mehr an die erste Zeit nach dem Abbruch erinnern. Aber ich glaube, ich habe Stunden damit verbracht, zu weinen und mich zu verurteilen. Zu allem Übel holte ich mir auch noch das Pfeiffersche Drüsenfieber mit einer starken Leberentzündung. In dieser Zeit lebte ich quasi auf dem Sofa, suhlte mich im Selbstmitleid und zog mir alle Folgen der Fernsehserie „McLeods Töchter“ rein.

Irgendwann wurde es leichter. Ich entschied mich, mit meiner großen Schwester eine Reise nach Kalifornien zu machen, um dort unsere Verwandten zu besuchen. Die Ablenkung tat mir gut und war Balsam für meine Seele. Ich erlebte wunderbare Momente in atemberaubender Natur mit wundervollen Menschen. Für eine Weile war es ruhiger in meinem Kopf. Ich startete frisch motiviert erneut an der Pädagogischen Hochschule und nach drei Jahren schloss ich mit guten Noten ab. Meine erste Stelle als Kindergärtnerin trat ich in einem kleinen Dorf in meinem Heimatkanton an. Es machte Spass, mich dort kreativ auszuleben, aber auch dort begleiteten mich die ständigen Vergleiche mit anderen. Meine Fensterdekoration war nie schön genug, meine gebastelten Werke mit den Kindern nicht einzigartig genug, meine Planung noch weit weg vom perfekten Unterricht.

Dennoch bekam ich immer wieder Komplimente und positive Rückmeldungen von Eltern, deren Kinder sich bei mir wohlfühlten. Ich nahm sie lächelnd an, dachte aber gleichzeitig: „Ihr wisst ja nicht, wie ich wirklich unterrichte und wie es noch besser sein könnte!“

Egal was ich tat, die Stimme verfolgte mich auf Schritt und Tritt. Und ich glaubte ihr. Ich glaubte, ich müsste mich eben einfach etwas mehr anstrengen als andere, ich müsste mehr an mir arbeiten und ich dürfte nicht noch einmal versagen.

Natürlich genoss ich trotzdem mein Leben. Ich unternahm viel mit Freunden, erlebte liebevolle Beziehungen und hatte immer einen guten Draht zu meiner Familie. Doch da war dieses Gefühl von „Eingesperrtsein“, welches ich nicht loswurde und das ich nicht so recht deuten konnte. Ich suchte mir Hilfe. Ich ging zur Farbtherapie, Klangtherapie, Gesprächstherapie, Osteopathie, zum Naturheilpraktiker, machte eine Rückführung und hatte zwei Sitzungen bei der Psychotherapeutin. Immer in der Hoffnung, ich könnte dort „etwas loslassen", was mich anscheinend gefangen hielt. Das alles hat zwar kurzfristig jeweils Erleichterung gebracht, hat mir aber nicht nachhaltig geholfen, mehr Gelassenheit zu spüren.

Dann kam Lea. Eine liebe Freundin hatte mit Lea die Ausbildung zur schulischen Heilpädagogin gemacht. Die beiden waren gute Freundinnen. So kam es, dass ich Lea durch gemeinsame Abendessen und sonstige lustige Treffen kennenlernte. Irgendwann erfuhr ich, dass Lea ein Karriere-Coaching anbot, das darauf abzielte, die eigenen Ressourcen besser kennenzulernen und eine Neuorientierung zu finden. Irgendwie sprach mich das an und so landete ich zum ersten Mal bei Lea im Coaching. Die Arbeit mit ihr fühlte sich stimmig an und ich genoss es, mit ihr über „Gott und die Welt" zu plaudern. Danach fühlte ich mich beflügelt und ganz euphorisch, mich neu zu entdecken. Seitdem verfolgte ich Lea in den sozialen Medien. Irgendwann sprach sie von Schneekugeln, von Gedankenstürmen und von Drei Prinzipien, die ihr Leben verändert hatten. Sie strahlte dabei eine ansteckende Freude aus und das machte mich neugierig. Ich buchte bei ihr ein weiteres Coaching-Angebot mit dem Titel „Weniger Sorgen, mehr Spaß". Oh ja, das wollte ich! Nichts wie ab nach Zürich!

Die beiden Intensiv-Tage mit Lea waren der Beginn einer großen Wende in meinem Leben. Lea erzählte mir von Sydney Banks und den Drei Prinzipien, die durch uns wirken. Die erste grosse Erkenntnis, die ich in diesen zwei Tagen hatte, schlug ein wie eine Bombe: *ICH BIN NICHT MEINE GEDANKEN! Da sitzt eine kleine, strenge Frau Rottenmeier in meinem Kopf, die mir permanent sagt, was ich zu tun und zu lassen habe. Ich bin aber NICHT diese Stimme.* Lea begleitete mich dabei, die andere, viel feinere Stimme in mir wieder wahrzunehmen. Die, die unter der lauten, schreienden und anklagenden Stimme immer wieder durchdringt. Wir hören sie, wenn wir ganz präsent werden und die Gedanken im Kopf vorbeiziehen lassen, ohne an ihnen festzuhalten. Wir nehmen sie wahr als feine Impulse, als Intuition, als Bauchgefühl. Diese andere Stimme kennt keine Bewertung, kein Gut oder Schlecht, kein Richtig oder Falsch. Sie meint es immer gut mit uns und drückt sich nicht mit „du solltest" und „du müsstest" aus. Wie oft hatte ich während meinen ewig langen Vorbereitungen im Kindergarten die feine Stimme zwar gespürt, die mir sagte, *dass es genug ist und Zeit, nach Hause zu gehen.* All zu oft habe ich sie jedoch ignoriert, weil danach sofort eine grosse ABER-Walze kam und die feine Stimme plattmachte: „ABER es reicht noch nicht! ABER ich sollte da nochmal etwas optimieren! ABER es müsste noch besser sein!"

Ich hatte am ersten Abend eine für mich sehr herausfordernde Aufgabe zu lösen. Ich sollte alleine im Restaurant zu Abend essen. Meine innere Frau Rottenmeier überschlug sich: „Was werden die anderen Leute denken, wenn ich da ganz alleine sitze? Sie werden denken, das sei armselig und ich hätte keine Freunde. Alle werden mich ansehen und ich werde mich ganz schrecklich fühlen!" Ich war nervös. Zum ersten Mal erkannte ich plötzlich diese Rottenmeier-Gedanken und musste schmunzeln. Die leisere Stimme drang wieder zu mir durch: *Es ist alles in Ordnung und es kann mir nichts passieren.* Da war diese entspannte Ruhe tief in mir und ich atmete durch. Ich spürte, was mir Lea zuvor erklärt hatte: „Wir fühlen, was wir denken. Wenn wir einem unsicheren Gedanken unsere Aufmerksamkeit schenken, fühlen wir uns unsicher. Ein angstvoller Gedanke lässt uns Angst spüren. Wir können nur unsere Gedanken im Moment fühlen."

Ich sah es als Experiment an und fragte an diesem Abend in einem charmanten Restaurant nach einem Tisch für eine Person. Ich wurde sehr freundlich an ein hübsches, kleines Tischchen am Fenster geführt und mich überkam ein überraschendes Gefühl. Ich fühlte mich großartig! Ich saß allein an meinem Tischchen im gepolsterten Sessel und fühlte mich so gelassen wie schon lange nicht mehr. Ich sah mich um und merkte, dass sich niemand mit mir beschäftigte. Im Gegenteil. Ich konnte beobachten, wie rundherum alle mit ihren eigenen Gedanken und Geschichten beschäftigt waren. Da war es wieder, dieses Lächeln auf meinem Gesicht. Ich nahm erstmals dieses warme

Gefühl wahr, dass mit mir alles in bester Ordnung war. Ich lehnte mich auf meinem Sessel zurück und genoss den weiteren Abend in diesem Gefühl des Vertrauens, das mich umgab wie eine warme Kuscheldecke.

Dieser Start in ein neues Verständnis des Menschseins war ein Auf und Ab der Gefühle. Meine Welt, wie ich sie bisher kannte, wurde ordentlich durchgerüttelt, jedoch auf eine positive und spannende Art und Weise. Von da an verschlang ich alles, was mit den Drei Prinzipien zu tun hatte, und erlebte einen Aha-Moment nach dem anderen. Durch eigene Erfahrungen und Erkenntnisse darüber, wie wir funktionieren, konnte ich immer klarer erkennen, dass nichts „im Außen" meine Gefühlswelt steuern kann. Vielmehr erschaffe ich mir mit meinen Gedankenkonstrukten, meinen Überzeugungen und Urteilen meine eigene individuelle Realität. Somit bin ich äußeren Faktoren nie ausgeliefert. Ich habe immer die Wahl, ob ich in die Welt meiner Gedanken abtauchen will (und alles glaube, was mir Frau Rottenmeier erzählt) oder ob ich in der Erfahrung meiner wahren Essenz den Moment erleben möchte (ganz präsent im Hier und Jetzt).

Seither kann ich die Stimme meines Herzens wieder besser wahrnehmen und spüre wieder viel mehr Vertrauen in mich und das Leben. Wenn ich heute auf meine Jugend zurückblicke und mich an die zahlreichen Angst-Momente erinnere, weiß ich, was damals vor sich ging. Mein fantasiereiches Köpfchen hat mir immer wieder lebhafte Filme vorgespielt, in denen ich auf irgendeine Weise qualvoll scheitere. Dadurch, dass ich brav in diesem Kopfkino Platz nahm und alles glaubte, was sich auf der Leinwand abspielte, fühlte ich diese Angst, als seien die Filme real. Heute weiß ich, dass das nicht stimmt. Ich könnte nun fragen: „Warum spielt mein Kopf mir denn solche Filme ab?" Ganz ehrlich? Ich habe keine Ahnung! Ich weiß, dass es kein „Warum" braucht. Ich weiß, dass etwas in meinem Kopf pausenlos interpretiert, beurteilt, bewertet und kategorisiert, ohne Rücksicht auf die Realität. Ich lasse meine Frau Rottenmeier gewähren, muss mich aber nicht mehr mit ihr hinsetzen und Teepartys feiern, wie Lea es immer wieder so schön nannte. Es geht auch nicht darum, sie loszuwerden. Ich habe mich mit ihr versöhnt. Ich weiß, dass ich viel mehr bin als diese Stimme in meinem Kopf. Ich bin die Essenz darunter, wie jeder andere Mensch auch. Ich werde geführt von einer universellen Intelligenz, die kaum in Worte zu fassen ist. Die mich am Leben hält und mich atmen lässt, ohne darüber nachzudenken. Die mich immer wieder veranlasst, meine Herzstimme wahrzunehmen, und die mich gerade jetzt, beim Schreiben dieser Zeilen, begleitet. Ich bin in Ordnung, heil und ganz. Genau wie du und jeder andere Mensch auf dieser Welt auch!

Für dieses Verständnis bin ich jeden Tag aufs Neue dankbar. Mein Leben hat sich verändert. Ich fühle mich nicht mehr eingesperrt, klein und unbedeutend. Ich gehe leichtfüßiger durchs Leben und entdecke an jeder Ecke neue Möglichkeiten, mein Potenzial zu entfalten. Unzählige „Warums“ und „Wiesos“ sind weggefallen, weil sie keine Bedeutung mehr haben. Angstvolle und unsichere Gedanken kommen immer mal wieder zu Besuch. Wenn mir Frau Rottenmeier predigt, dass meine Fensterdekoration im Kindergarten bei weitem nicht so schön ist wie die von der Kollegin, oder wenn sie mich eindringlich davor warnt, dass meine Projekte auf Ablehnung stoßen werden und irgendjemand schlecht darüber denken könnte, lässt mich das mittlerweile schmunzeln. Ich lasse solche Gedanken weiterziehen wie Wolken am Himmel. Ich kann gelassener mit herausfordernden Situationen umgehen und darf mittlerweile selbst als transformativer Coach Menschen begleiten, die auch ein leichteres Leben führen möchten. Es ist immer wieder wundervoll und berührend, mich mit ihnen über das Wunderwerk „Mensch“ auszutauschen, mit ihnen meine Erkenntnisse zu teilen und ihnen dabei zuzusehen, wie auch sie Schritt für Schritt zu ihrer wahren Essenz zurückfinden. Was für ein Geschenk!

***Beatrice Häcki** war früher Kindergärtnerin und meisterhafte Perfektionistin. Heute kann sie Fünf gerade sein lassen und unterstützt als Coach andere Lehrpersonen dabei, ihren Beruf wieder mit mehr Gelassenheit, Freude und Leichtigkeit auszuführen. Sie ist ein ausgesprochener Genussmensch und liebt die Magie des stillen Morgens mit einer Tasse Kaffee.*

www.beatricehaecki.ch

Das Leben ist ein Spiel – auch wenn wir es nicht immer erkennen

von Silvia Chytil

Aufschlag, Satz, Sieg. Michael donnerte seinen letzten Ball als Ass in mein Feld. Nach einem ausgeglichenen und spannenden Finale hatte er den entscheidenden Punkt gemacht und gewonnen. Dieses Match war der krönende Abschluss eines Turniers, das unsere Familien an diesem Sommer-Wochenende veranstalteten.

Ich war damals knappe zehn Jahre alt. Zu jener Zeit war „Soft-Tennis" in aller Munde. Der Nachbarsjunge Michael und ich spannten im Garten ein Netz, spielten von frühmorgens bis spät in die Nacht und verließen den Rasen erst, wenn wir den Ball kaum mehr sehen konnten.

Wir hatten oft enge Kämpfe ausgetragen. Mal ging er als Sieger, mal ich als Siegerin vom Platz. Unter normalen Umständen hätte ich ihm an diesem Tag zu seinem Erfolg gratuliert und mich für das spannende Match bedankt.

Diesmal war es jedoch anders. Wie aus heiterem Himmel überkamen mich heftigste Gefühle. Ich zitterte am ganzen Körper, Tränen flossen über mein Gesicht und ich konnte kaum atmen. Ich rannte in mein Zimmer, schloss mich dort ein und warf mich heulend aufs Bett.

Was als vergnügliches Wochenende begann, endete für mich in einem Desaster. Ich konnte diese Gefühle, die so überraschend und intensiv über mich hereinbrachen, nicht einordnen. Ich fühlte mich verwirrt, hilflos und klein. Es dauerte Stunden, bis ich mich wieder beruhigte, erschöpft aus meinem Zimmer kroch und Michael doch noch zu seinem verdienten Sieg gratulierte.

Als mich meine Eltern sahen, lachten sie. Sie meinten, es wäre doch nicht so schlimm, auch mal zu verlieren. Es sei bloß ein Spiel gewesen. Sie meinten es nicht böse, das wusste ich. Sie wollten mich nur trösten. Und sie hatten recht: Es war nur ein Spiel. Nur an diesem Tag konnte ich das nicht erkennen. Für mich fühlte es sich wie bitterer Ernst an und nicht wie ein lustiges Event.

Vermutlich war dieses Ereignis der Auslöser dafür, dass ich mir schwor, mich nie wieder so ohnmächtig fühlen zu wollen. Dass ich stärker und besser werden musste, zur Siegerin werden, abgehärteter und souveräner werden musste in allem, was ich tat.

Und vermutlich begann es auch zu jener Zeit, dass ich einen Teil von mir wegsperrte. Oder besser gesagt – versuchte wegzusperren. Nämlich den sensiblen, empfindsamen Teil, der so heftige Gefühle in mir auslösen konnte.

Auf der Suche

In den folgenden Jahren – eigentlich waren es Jahrzehnte – versuchte ich alles Mögliche, um mein inneres Versprechen einzuhalten. Anfänglich begann ich, Wissen und Ausbildungen zu sammeln, in der Hoffnung, irgendwann das Gefühl von „okay“ und „gut genug“ zu erhalten.

Als das nicht funktionierte, versuchte ich mein Leben zu verändern. Ich wechselte Beziehungen, Wohnorte und Jobs. Aber keiner dieser Versuche half mir, ein zufriedenes und entspanntes Gefühl im Leben zu finden.

Wenn die Lösung nicht im angehäuften Wissen oder in den Veränderungen im Außen lag, musste wohl etwas mit mir nicht stimmen – so lautete meine nächste Schlussfolgerung. Wahrscheinlich war ich tatsächlich noch nicht gut genug, musste intensiver an mir arbeiten und mich mehr verändern.

Die nächsten Jahre verbrachte ich damit, alle Selbsthilfebücher zu lesen, die ich in die Hände bekam. Außerdem probierte ich es mit Yoga, Meditation und befragte sogar die Sterne. Vielleicht wussten die, warum ich mein Leben nicht in den Griff bekam.

Aber ganz gleich, was ich tat, nichts half. Meine Selbstzweifel, meine Unsicherheiten, meine inneren Dämonen und dieses mich fast verschlingende Gefühl blieben.

Irgendwann gab ich die Hoffnung auf. Vielleicht war es mein Schicksal und ich musste mich damit abfinden, dass mein Leben mit Leiden verknüpft war. Ich lernte, mich mit meinen Empfindlichkeiten zu arrangieren, hatte mittlerweile auch Strategien entworfen, sodass mich starke Gefühle nicht mehr völlig unvermutet trafen und komplett aus der Bahn warfen.

Bis mir eine Freundin das Buch „Die Inside-Out-Revolution" von Michael Neill empfahl. Auch wenn darin für mich nicht wirklich Neues stand, blieb doch der Eindruck hängen, dass sich zwischen den Zeilen eine Wahrheit verbarg. Eine Wahrheit, die meine Suche möglicherweise endgültig beenden könnte.

In den nächsten Jahren versuchte ich immer mehr über diese Drei Prinzipien zu lernen und sie zu verstehen. Und ja, ich hatte in dieser Zeit einige neue Erkenntnisse, mein Leben wurde etwas leichter, aber ich war weit davon entfernt, inneren Seelenfrieden zu erfahren. DIE große Veränderung stellte sich nicht ein.

Es dauerte weitere fünf Jahre, bis es bei mir endlich Klick machte.

Ein einziger Gedanke genügt

Ich saß an meinem Lieblingsplatz und frönte meiner Lieblingsbeschäftigung: aus dem Fenster starren und Wolken betrachten. Wieder einmal war ich innerlich aufgewühlt. Verzweiflung, Enttäuschung und Hilflosigkeit machten sich breit. Mein Business lief nicht, wie ich es mir vorgestellt hatte. Nicht schlecht – aber für mich, die immer top sein musste, war es viel zu wenig.

Zwei Tage zuvor hatte ich die Entscheidung getroffen, endlich einen Schlussstrich zu ziehen. Nicht aus tiefster Überzeugung, sondern mehr aus einem „Ich kann und will nicht mehr"-Gedanken heraus. Der Entschluss fühlte sich gut an, auch wenn immer wieder Tränen flossen. Allein die Vorstellung, es endlich entschieden zu haben, war schon eine Erleichterung für mich.

Während ich die vorbeiziehenden Wolken beobachtete, tauchte ein Gedanke in mir auf: „Ist das nicht witzig? Da leidest du unter deinem Business und nur wenn du daran denkst, es wäre nicht mehr da, dann geht es dir besser."

Auf meinem Gesicht machte sich ein Grinsen breit. So oft hatte ich davon gelesen und gehört, dass meine Gedanken meine Gefühle erzeugen, nur so deutlich hatte ich es bisher noch nie gesehen.

Während die Wolken am Himmel vorbeizogen, tauchten in mir weitere Gedanken auf und verschwanden wieder. Bis einer herausstach: *Silvia, was, wenn es okay ist, dass du so sensibel bist?*

Vermutlich dachte ich diesen Gedanken schon öfters, nur diesmal blieb er haften. Was wäre tatsächlich, wenn es okay wäre, dass ich sensibel bin?

Ein weiterer Gedanke kam in mein Bewusstsein. Noch größer, noch überraschender: *Was, wenn es nicht nur okay, sondern wenn das eigentliche eine große Stärke von dir wäre?*

Dieser Gedanke löste ein Feuerwerk in mir aus. Mit einem Male herrschte in mir eine nie dagewesene Klarheit, als ob sich ein Nebel lichtete. Ich erkannte, dass ich mir jahrelang einen Schutzpanzer aufgebaut hatte, um mich vor meinen eigenen Gedanken und Gefühlen abzuschirmen. Dass ich mich immer wieder in mein Schneckenhaus zurückzog, wenn es mir zu viel wurde.

Ich erkannte, dass mein Leiden nicht daher kam, dass ich zu sensibel war oder zu viel spürte, sondern dass ich diese Gefühle generell nicht haben wollte. Dass ich versuchte, sie mir abzutrainieren, und mit mir haderte und mir Vorwürfe machte, wenn mir das nicht gelang.

Ich konnte auch sehen, welches Geschenk ich mit meiner Feinfühligkeit mitbekommen hatte. Wie sehr sie mir immer schon gedient und mich dabei unterstützt hatte, anderen Menschen zuzuhören, auf sie einzugehen und sie zu verstehen. Hätte ich diese Gabe nicht, könnte ich wohl meinen Job nicht ausüben.

Auf meinem Sessel sitzend, pendelte ich zwischen Lachen und Weinen hin und her. Die Last, die ich jahrelang auf meinen Schultern spürte, löste sich mit einem einzigen Gedanken ganz plötzlich in Luft auf.

Sich selbst sehen

Mein Leben lang hatte ich darum gekämpft, besser oder anders zu werden. Ich arbeitete an mir und suchte die Anerkennung von anderen. Sie sollten mir versichern, dass ich okay bin. Niemals wäre ich auf die Idee gekommen, dass die Lösung einzig und allein darin bestand, mich so zu akzeptieren, wie ich war, zu sehen, wer und was ich tatsächlich bin, und meine Fähigkeiten zu erkennen.

Vor ein paar Jahren war ich bei einer Farb-Beraterin. Vor dem Besuch hatte ich immer gedacht, ich sei ein „Herbst-Typ“. Dementsprechend bestand meine Garderobe aus Kleidungsstücken in dunklen, gedeckten Farben. Die Beraterin hielt mir ein paar Stoff-Stücke vors Gesicht und meinte nach einer Weile freudestrahlend: „Du bist ein Frühlings-Typ.“ Wie bitte? Ein Frühlings-Typ? Wie kann das sein?

Seitdem trage ich die grellsten Frühlings-Farben. Nicht nur meine Garderobe hat sich verändert, auch die Silvia, die ich heute im Spiegel sehe, sieht anders aus. Blickte mir früher eine eher müde, blasse Frau entgegen, sehe ich heute eine Person mit strahlender Haut und blitzenden Augen. Ich fühle mich nicht mehr schwer und träge, sondern luftig und leicht. Welch eine Veränderung!

So ähnlich ging es mir nach meiner Erkenntnis. Plötzlich fühlte ich mich strahlend, schön und leicht. Ich durfte sensibel sein. Es war kein Makel mehr, den ich verbergen musste, sondern durfte gesehen werden. Vor allem von mir.

Mit einem Mal darf ich meine breite Gefühlspalette tatsächlich fühlen, von Wut bis Freude, von Begeisterung bis Angst. Ich muss mich weder verstecken noch verändern. Mit mir ist nichts falsch und es muss nichts repariert werden.

So leicht es sich jetzt anfühlt, so schwer war der Weg dahin. Wir wachsen in einer Gesellschaft auf, in der es darum geht, besser, schneller, schöner, erfolgreicher, anders zu werden und mehr zu erreichen. So wie wir sind, genügt es nicht. Aus diesem Weltbild, das wir über Jahrzehnte hinweg verinnerlichen, entstehen viel unnötiger Schmerz und sinnloses Leid.

Die menschliche Erfahrung voll ausleben

Einer meiner Coaches sagt immer: „Nichts verändert sich und trotzdem ist alles anders." Und das stimmte. Durch diese Erkenntnis, dass ich sensibel sein durfte, änderte sich in meinem Leben eigentlich gar nichts – und doch war alles anders.

Als ich vor Kurzem mit meinem Hund spazieren ging, hörte ich schon von Weitem das Brüllen eines Mannes, der mir entgegenkam. Ich solle meinen Hund an die Leine legen, wofür gäbe es Gesetze, ich sei verantwortungslos.

Ich sah den Mann verwundert an. Mein Hund nahm nicht einmal Notiz von ihm und trottete, mit seiner Nase am Boden, an ihm vorbei.

Vor zehn Jahren hätte mich solch eine Attacke in Schockstarre versetzt. Ich hätte mich für die nächsten Tage in mein Schneckenhaus verzogen, hätte über die Situation nachgedacht, mich gefragt, was ich falsch gemacht habe und was ich das nächste Mal besser machen müsse. Warum so etwas immer mir passiere und warum ich noch immer nicht souverän genug war, um mit einer schlagfertigen Antwort zu kontern.

Auch vor vier Jahren noch hätte mich dieses Ereignis überfordert. Ich hätte dem Mann wütend meine Sichtweise an den Kopf geworfen und mich noch ein paar Stunden über ihn geärgert.

Dieses Mal war es anders. Ich konnte erkennen, dass dieser Mann einen schlechten Tag hatte oder vielleicht sogar davon überzeugt war, generell ein schlechtes Leben zu haben. Mir war klar, dass sein Ausbruch nicht im Geringsten etwas mit mir zu tun hatte, sondern er von seiner eigenen Gedanken- und Gefühlswelt so sehr gestresst war, dass er ein Ventil benötigte, um Dampf abzulassen. Und da kamen ihm mein leinenloser Hund und ich gerade recht.

An diesem Tag hatte mich diese Begegnung kaltgelassen. Ich war gut drauf und ließ mir meine ausgezeichnete Laune nicht vermiesen. An einem anderen Tag hätte ich vielleicht anders reagiert. Möglicherweise wäre auch ich wütend geworden und hätte ihm ein paar Unfreundlichkeiten entgegengeschmettert.

Der große Unterschied zu früher ist jedoch: Ganz gleich, wie ich heute auf eine Situation reagiere, ich denke mir danach nicht mehr, dass ich etwas falsch gemacht habe. Ich verurteile und bewerte mich nicht mehr. Sondern ich weiß, dass ich Gefühle habe, die manchmal heftig sein können – und dass sie genauso schnell wieder verschwinden, wie sie gekommen sind.

Beim Erkennen, woher unsere Gefühle kommen, geht es nicht darum, diesen auszuweichen, nichts mehr zu fühlen oder den menschlichen Erfahrungen zu entkommen. Sondern wir erhalten ein besseres Verständnis davon, was sich tatsächlich in uns abspielt und wie wir wieder aus dem Gefühlschaos herauskommen, sollte uns doch eine heftige Welle erfassen.

Das alles gehört zum Leben und zum Menschsein. Wie bei einem Klavier, spielt auch das Leben eine schönere Musik, wenn wir uns der gesamten Tastatur bedienen. Wir dürfen lachen und weinen. Uns streiten, lieben, ärgern und ängstigen. Mal gewinnen wir, mal verlieren wir. Wir dürfen uns so zeigen, wie wir sind, mit all unseren Facetten. Wenn wir das alles zulassen können, dann zeigt sich uns das Leben als variantenreiches Spiel. Und manchmal erkennen wir es und manchmal nicht. Auch das gehört zum Spiel mit dazu.

Silvia Chytil *ist Beraterin, Coach und Autorin. Sie hat ihren analytischen Kopf gegen Intuition und Kreativität eingetauscht. Heute liebt und lebt sie das* Intuitive Business *und begleitet ihre Kund:innen zu einer entspannteren Lebensart im eigenen Unternehmen. In ihrer Freizeit findet man sie mit einem spannenden Buch im Garten oder auf einem Spaziergang mit ihrem Hund Akiro. Ihr Motto: Dein Weg steht in keinem Buch. Den findest du nur in dir.*

https://silviachytil.com/

Du solltest … gar nichts!

von Patricia Grund

Du solltest! Mein ganzes Leben fingen die Befehle in meinem Kopf mit diesen zwei teuflischen Wörtern an. Als ich klein war, sollte ich nicht so schüchtern sein und es lustig finden, wenn Menschen mit dem Nesthäkchen der Familie Scherze machten. Du solltest ehrgeiziger sein, hieß es, als ich merkte, dass ich meinen Leistungssport nur bis zu einer gewissen Grenze verfolgen konnte, danach versagten mir die Nerven. Mentalitätsprobleme, würde man beim Fußball sagen. Du solltest netter zu deiner Schwester sein, schneller, lustiger, aufgeweckter, freundlicher zu deinem Vater. Du solltest dir nicht die Finger kaputt beißen und so oft Kopfschmerzen haben. Du solltest nicht ständig Schmerzen in den Füßen haben und dich einfach wohler fühlen. Was ich vor allem in Erinnerung habe, ist, dass ich diese Stimme im Kopf nicht hören sollte. Die ewige Kommentarfunktion. An die erste bewusste Wahrnehmung dieser Stimme kann ich mich noch erinnern: Ich war im Grundschulalter und spielte gerade mit meiner wundervollen Großmutter. Damals fragte ich mich, warum mir das, was passiert, in meinem Kopf vorgelesen wurde. Erst über 30 Jahre später durfte ich lernen, dass mir diese Stimme nichts vorliest, nichts über die Außenwelt verrät, sondern nur etwas über den Ort, an dem mein Bewusstsein gerade ist.

Später nahm die Ich-sollte-Stimme richtig Fahrt auf. Ich sollte auf einmal gleichzeitig nicht so laut und nicht so unsicher sein. Ich sollte definitiv weniger trinken, mehr Sport machen, dünner sein, cooler, auch einfach mal brillant im Studium. Und immer sollte ich nicht so viel, so verrückt, so überbordend sein. Dieses „zu viel" wurde mein Begleiter. Zu viele Gefühle, zu viel Alkohol, zu viel Lärm. Am Ende blieb immer das Gefühl: „Du solltest dich anders fühlen." Einfach weniger fühlen, positiver fühlen, realistischer fühlen. Was für ein dunkler, einsamer Ort das war. Und es gab doch nicht wirklich einen Grund: Ich hatte eine ganz normale Familie mit ihren wundervollen und mit ihren nicht gut funktionierenden Seiten – und sehr viel Freiheit. Ich wurde geliebt und unterstützt, durfte tolle Sachen lernen, an tollen Orten leben, wunderbare Freunde haben und mit 21 meinen späteren Mann kennenlernen, der mich aufrichtig liebte. Später bekam ich zwei perfekte, wilde, kluge Jungs und fand einen Traumjob, in dem ich richtig gut war. Wenn ich all das erleben durfte, warum wanderte mein Kopf immer in die Dunkelheit? Und wenn er schon im Dunklen war, konnte er nicht wenigstens dann einmal Ruhe geben? Einmal Pause machen von diesen intensiven Gedankenstürmen?

Ich konsumierte über die Jahre alles, was mir Linderung versprach: Alkohol, Gras, Shopping, Männer und Selbsthilfe. Ich inhalierte Selbsthilfebücher und war wie besessen davon, mich anders zu fühlen – ja, ich war ein Selbsthilfe-Junkie. Ich praktizierte den ganzen Tag über irgendetwas. Ich meditierte, was letztlich nur bedeutete, dass mein Geist mich jeden Morgen 20 Minuten lang anschrie. Egal, weitermachen. Mittags Achtsamkeitsübungen, abends schrieb ich Tagebücher-, Glückstagebücher, Dankbarkeitstagebücher, dann meditierte ich noch mehr. Nichts half, nichts schien diesen Kopf zu beruhigen. Ich machte jahrelang Therapie, die durchaus half, etwas Freiheit zu gewinnen, aber keinen Frieden. Es musste an mir liegen, ich musste ganz besonders kaputt sein, sonst wäre es doch irgendwann mal gut!

Schließlich gab es eine Erklärung: „Sie haben einen Konstruktionsfehler im Gehirn!" Dies sagte mir der freundliche, zugewandte Neurologe. *Das ist es!* Ich nahm schon lange Medikamente, aber die Erklärung dazu hatte gefehlt. Dieser Konstruktionsfehler war die Antwort. Ein fehlender Filter, der mich zu viel fühlen ließ. Gott sei Dank hatte ich endlich eine Erklärung dafür. Nun ergab das ganze Gefühlsmanagement endlich Sinn. Wenn es für mich objektiv schwerer war, mein Erleben auszuhalten, dann muss ich mich ja rund und die Uhr mit meinen Emotionen auseinandersetzen. Alles andere wäre doch fast verantwortungslos. Dumm nur, dass dies rein gar nichts veränderte. Das ist eben die Sache mit den Erklärungen: Und was dann? Mein Erleben war immer noch laut, dunkel, einsam. Nur kam über die Jahre die Scham dazu. Warum kann ich nicht einfach mal die Klappe halten und dankbar sein? Ich habe doch alles!

In einem Podcast hörte ich eine kluge Autorin einen Satz sagen, der ungefähr so lautete: „Mein Job im Leben ist es, mich um meine mentale Gesundheit zu kümmern." Das ließ zwei Reaktionen folgen.

Die erste: „Danke, das mache ich ja auch! Wie entlastend, dass dieses Emotionsmanagement tatsächlich als Job gelten darf!"

Einen Moment später folgte die zweite Reaktion: „Was zum Teufel? DAS will ich mit meinem Leben anfangen? Um mich selber kreisen als Job?" Es fühlte sich auf einmal vollkommen leer an. Nicht auf diese vorwurfsvolle Weise. Es war kein hartes „Du solltest nicht!", sondern die leise Frage: „Gibt es nicht viel mehr zu sehen in diesem Leben?"

Kurze Zeit später stolperte ich über den Blog von Amy Johnson. Der Beitrag handelte davon, was wir tun müssen, um in unseren Abhängigkeiten gefangen zu bleiben, und hieß: „The

Definitive Guide to Staying Stuck in a Habit" (auf Deutsch: Der endgültige Leitfaden zum Festhalten an einer Gewohnheit). Sie rollte das Feld von hinten auf und erklärte, was wir tun können, um in unserer Misere gefangen zu bleiben. Sie listete auf:

- Mach dich zum Mittelpunkt deines Problems und frage dich ständig, was dies über dich aussagt.
- Mach dir immer wieder klar, wie zerstörerisch dein Verhalten ist!
- Nimm dir kontinuierlich vor, dein Verhalten zu ändern!
- Visualisiere deine Verhaltensänderung!
- Sei bereit, alles für deine Verhaltensänderung zu geben!

Das haute mich vollkommen um, denn all diese Dinge machte ich die ganze Zeit. Und dies sollte mich ewig in meinem Suchtverhalten gefangen halten? Die Aufregung, dies gefunden zu haben, war überbordend. Das war neu, frisch, vollkommen gegen meine tiefsten Überzeugungen. Also fing ich an, ihren Podcast zu hören.

Wenn du jetzt glaubst, hier kommt der Part, an dem es Boom macht und alles anders wurde: Sorry, nein. Den Moment hat es nie gegeben. Keine Wiedergeburt, kein spirituelles Erweckungserlebnis, das alles ändert. Meine Veränderung war und blieb eine langsame, graduelle Transformation des Erlebens meiner Gefühle. Wie eine kontinuierliche Verschiebung meiner inneren Kontinentalplatten.

Ich fing also an, den Podcast „Changeable" (zu Deutsch: Veränderbar) zu hören. Und ich war wütend. Meine Gedanken sprangen von „nichts davon ist neu, das ist alter Wein in neuen Schläuchen, das weiß ich alles schon" zu „so einen unlogischen Blödsinn habe ich noch nie gehört, das kann ich mit meinem Kopf nicht verstehen". Tja, so funktioniert unser Geist. Kämpft mit Inbrunst für das eine, um nahtlos für das genaue Gegenteil zu plädieren. Aber irgendwas hielt mich bei der Stange, wie ein Magnet. Also ging ich Podcast hörend durch den grauen, nebligen Hamburger Stadtpark, grummelnd, wütend und absolut angefixt zur gleichen Zeit.

Ein paar Dinge landeten nach und nach bei mir, zum Beispiel: „Wir fühlen nicht die Außenwelt, wir fühlen unser Denken im Moment.“ *Jooaaa, das ergibt Sinn. War ich nicht gestern noch sehr ärgerlich über dieses depressionsanregende Wetter und habe ich nicht heute gedacht, wie gemütlich und kuschelig diese Kälte ist und wie wunderbar all die Jahreszeiten? Na jut, das kann sein. Aber was hilft es mir denn, wenn ich diese Gedanken, die mich in den mentalen Keller schicken, dennoch habe? Ach ja, meine Gedanken ändern sich ja tatsächlich ständig. Also ändert sich auch mein Erleben ständig und damit dann auch mein wahrgenommenes Leid.* Ich wurde neugierig. *Wie solide ist denn meine Erfahrung? Gibt es vielleicht doch Lücken?* Ja, die gab es! Nach und nach gewann ich an Freiheit, hatte das Gefühl, ich sei womöglich gar nicht gefangen.

In sehr tiefe Tiefs fiel ich weiterhin. Es gab Phasen, wo irgendwas in mir zu sterben schien. Wer weiß genau, was passiert ist, aber mir scheint es heute so, als habe sich mein Verstand gegen die drohende Entmachtung gewehrt. Immer wieder wurde mir gesagt, man solle nicht auf die Veränderung starren, es sei schon alles da, ich sei schon heil und gesund und nichts müsse sich ändern.

Aber ich reagierte so: „ZUR HÖLLE! NEIN! Hier muss sich durchaus was ändern! Wenn alles okay wäre, würde ich es wohl mitkriegen, oder nicht? Erzählt mir nichts übers Okaysein. Ich bin da nicht und werde da nie hinkommen, wo ihr seid.“ Ich wollte wirklich alles ablehnen. Dummerweise waren die Menschen, die aus diesem Verständnis kamen, aber so verdammt weise, nett und warmherzig. In meiner Verunsicherung schrieb ich alle an, die nicht bei drei auf den Bäumen waren, Bestsellerautoren und Speaker mit globaler Reichweite.

Und sie antworteten alle. Das allein ist schon ungewöhnlich. Aber nicht nur das, die Antworten waren emphatisch, klug, lebensnah und immer so atemberaubend liebevoll.

Irgendwie – wer weiß schon, wie diese Dinge passieren – fing ich an, mir meinen Widerstand zu erlauben, meine Lautstärke, mein „Nicht-okay-Sein". Ich brauchte richtig viel Platz und ich verstand, dass nur ich mir diesen Raum gewähren kann. Dass dies meine Pionierarbeit ist und niemand meinen Weg kennt. Und da war ein Punkt, von dem es kein Zurück gab. Nie wieder könnte ich in die Welt des Gedankenmanagements zurück, das war klar. Aber da, wo ich hinwollte (Love, Peace & Happiness), war ich eben auch noch nicht. Irgendwo hörte ich schließlich Jamie Smart sagen: „Stay in the game." (Bleib im Spiel.) Das war der richtige Satz zur richtigen Zeit. Ich blieb.

Und doch konnte ich die Gedanken nicht loslassen, die mein Erleben kontrollieren wollten. Schon das Wort „loslassen" weckte enorme Aggression in mir (und ist bis heute ein Kampfbegriff für mich). Ich nahm das wilde, laute Chaos in meinem Kopf nach wie vor als bedrohlich wahr. Wenn da niemand für Ordnung sorge, so meine Vorstellung, dann würden da die Mäuse auf den Tischen tanzen. Es sei nicht nur unmöglich, meine Ordnungsmacht da oben auszuschalten, es wäre schlichtweg gefährlich! Gleichzeitig war irgendwas daran unwahr. Diese Ordnungsmacht, diese angeblich vernünftigen, mich regulierenden Gedanken hatten ja bisher auch nichts für mich getan, sonst wäre schließlich Ruhe im Karton.

Dann verschob sich etwas. Ich hatte ein Bild im Kopf, ich durfte etwas sehen. In meiner Wahrnehmung gab es bis dato eine Chaosabteilung in meinem Kopf und eine Problemlösungsabteilung. Auf einmal sah ich, dass es das gleiche Team war! Das gleiche Kuddelmuddel, das mir Probleme einbrockte, sollte diese lösen. Diese angeblichen Abteilungen kämpften gegeneinander, waren gleichzeitig von sich überzeugt, vollkommen unsicher und bezichtigten einander der Lüge. Sie wollten ständige Bestätigung und gleichzeitig Mitarbeitergespräche führen. Und ich sah, dass ich die gleichen Stimmen, die mich in die Dunkelheit führten, mit dem Wunsch nach immerwährendem Sonnenschein beauftragte. Einstein hatte ja schon gesagt, man können Probleme nicht auf der gleichen Ebene lösen, auf der sie entstanden sind. Aber wir sehen, was wir sehen, wenn wir es sehen – und ich brauchte eben meinen Weg, um diesen Satz wirklich zu verstehen. Und langsam wurde es ruhiger. Ich konnte die Abteilungen in meinem Kopf nicht feuern, das ist unmöglich, aber ich kürzte nach und nach das Gehalt und stellte die Bonuszahlungen ein.

Mit diesem neuen Wissen reflektierte ich den bis dato wichtigsten Schritt in meinem Leben: Ich hatte circa fünf Jahre vorher aufgehört, Alkohol zu trinken. Damals wurde mir eines nachts klar, dass ich aufhören würde. Nicht, dass ich es *sollte*, sondern dass es passieren würde. Kurz später gab es ein letztes Glas Champagner und es war vorbei. Keine Rückfälle, keine Willenskraft, kein Kampf. Nichts davon. Wie ein Wunder durfte ich die Spirale verlassen. Und ich hatte dafür die Lorbeeren eingeheimst. Ich war unsagbar stolz und entsprechend offen, um meinen Erfolg zu zeigen. Es tat gut, ich hatte die bis dahin für mich schwerste Herausforderung gemeistert und ließ mich dafür loben. Was mir nun klar wurde: Ich habe das nicht geschafft, nicht erkämpft und keinen Weg gewählt. Es ist mir passiert. Zu keinem Zeitpunkt gab es zwei Möglichkeiten und die vernunftbegabte Seite hat gesiegt. So war es schlichtweg nicht (ich weiß es, ich war dabei). Das war atemberaubend zu sehen.

Nachdem ich gesehen hatte, dass ich keine vernunftbegabte Gedankenabteilung in meinem Kopf mit irgendwas beauftragen muss und dass uns die großen Dinge einfach passieren, kam der Frieden. Nicht dauerhaft, eher phasenweise. Aber die Angst vor meinen Gedanken schrumpfte, als würde man die Luft aus einem Ballon lassen. Denn inmitten des Chaos war mir bereits ein Wunder passiert. Die Ursache dafür war eben nicht die vermeintliche Ordnungsmacht gewesen. Sie war nie hilfreich und hat nichts in Schach gehalten. Langsam, aber stetig wurde es friedlich und aufregend zugleich. Denn ich stellte fest, wie wenig ich tun musste. Dass ich nur Autofahren muss und nicht gleichzeitig über die weitere Schullaufbahn meines Sohnes nachdenken. Dass ich in der sozialen Arbeit einfach zuhören kann, ohne parallel im Kopf schon an den Lösungen zu arbeiten. Dass es nie ein einziges Problem mit den Kindern zu lösen gibt, wenn ich präsent bin. Es ist tatsächlich fast erschreckend, wie wenig ich gebraucht werde. Und unheimlich lustig. Mein Ego findet das überhaupt nicht lustig, aber das ist nicht wichtig. Es muss nicht okay mit den Dingen sein, auch wenn ich es viel zu oft konsultiere und Feedbackgespräche führe. Die führen zu gar nichts, schaden aber auch nicht, wenn man sie als das sieht, was sie sind: einfach geistige Aktivität, Energie, die im Kopf verbraucht, neu erschaffen und verbraucht wird. Aktivität um der Aktivität willen.

Heute ist alles anders – und es ist vollkommen egal, worin sich das zeigt, weil das ganze Leben sich transformiert, wenn sich das Verhältnis zum eigenen Geist ändert. Es geht viel seltener um mich, es gibt viel mehr Raum für meine Kinder, meine Arbeit, um neue Sachen zu lernen oder einfach, um mich auszuruhen. Das nicht aushaltbare Chaos ist zu einem ganz normalen Chaos geworden. Wenn ich die Wohnung nicht aufräume, denke ich ja auch nicht, dass das Leben mir übel mitspielt, weil ich so unordentlich bin. Es ist halt chaotisch, na und? Was ich gerade fühle, ist nicht abendfüllend, weil das Leben ja schon weitergeht und so viel Neues, Aufregendes passiert. Dass dies für mich möglich ist, übersteigt alles, was ich mir erhoffen konnte. Ich weiß nicht, wie ich so ein ungeheures Glück haben konnte, auf dieses Verständnis zu stoßen. Ich bin einfach dankbar und halte die Klappe.

Wenn du glaubst, du solltest dich anders fühlen, wenn du das Leben nicht so anstrengend finden solltest, wenn du besser als Vater, Chefin, Freundin oder Sohn sein solltest, kann ich dir nur sagen: **Du solltest gar nichts!** Keiner dieser Gedanken wird etwas für dich tun. Aber wir können dich einladen, noch ein wenig im Gespräch mit uns zu bleiben. Häng mit uns ab, setz dich dazu. Stelle Fragen oder schweige, wüte und weine oder warte einfach ab. Bleib einfach da, es gibt die ganze Welt zu sehen und die ist so viel bunter, größer, weiter und aufregender als die eigenen Gedankenspiralen. Bleib im Spiel. Es lohnt sich.

***Patricia Grund** hat Management, Politik und Sozialwissenschaften studiert und bereits Soldaten, Gefängnisinsassen und Bundesministerien beraten. Jetzt macht sie ihren Lieblingsjob und leitet eine Unterkunft für Obdachlose und Geflüchtete. Sie lebt mit ihren Kindern in Hamburg und ist als transformativer Coach tätig.*

Du erreichst die Autorin unter der E-Mail-Adresse: mail@triciagrund.com

Tschüss Kontrollfreak, hallo Leben!

von Sandra Liane Braun

Als an einem Freitagnachmittag auf der Abbiegespur meine Welt explodierte

Es war ein ganz gewöhnlicher Freitagnachmittag, ein grauer Tag mit dem ein oder anderen Regenschauer. Ich fuhr vom Supermarkt in der Stadt zurück nach Hause. Einen Kilometer Landstraße in Richtung meines Stadtviertels. Auto fahrend sinnierte ich, denn mir kam seit über einem Jahr immer wieder der Name einer Interviewreihe von Lea Wernli und Shailia Stephens in den Sinn. Sie hieß „Mein geheimes Leben". Das Kuriose war: Ich verstand diesen Titel nicht. Obwohl ich bereits hineingeschaut hatte und einige Menschen darüber erzählen hörte, erschloss dieser Titel sich mir nicht. Interviewt wurden Menschen, die eine wundervolle Transformation durchlebt haben und heute ein sehr glückliches Leben leben – im Gegenteil zu davor. Aber was davon soll bitte geheim sein? Die Idee hinter den Interviews fand ich super, aber der Titel machte mich kirre.

So fuhr ich zwischen Stadt und Stadtteil übers Land, setzte den Blinker nach links, um in mein Stadtviertel abzubiegen – und dann passierte es: Plötzlich traf mich in meinem Auto ein

Blitz! *Wusch*, *Peng*, *Donner* – und es wurde schlagartig hell!

Was davor geschah

Angenommen, wir würden uns kennen, träfen uns zufällig im Supermarkt oder auf der Straße und du würdest mich fragen: „Wie geht's dir, Sandra?“ Dann würde ich dir heute antworten: „Mir geht es sehr gut!“ Dass aus meinem Munde das Wörtchen „sehr“ kommt – „mir geht es SEHR gut“ –, das grenzt für mich an ein Wunder. Denn Zeit meines Lebens war meine Antwort auf die Frage stets: „Ja, mir geht's ganz gut. Ich habe zwar gerade dies oder jenes, aber sonst ist alles okay.“ Du erkennst vielleicht: Ich war ziemlich verhalten. Obwohl ich durchaus ein positiv eingestellter Mensch war. Ich war schon immer viel mehr Optimistin als Pessimistin. Aber: verhalten. Mir ging es nicht immer so gut wie heute. Wenn ich zurückblicke, dann frage ich mich an manchen Tagen, warum mein Mann eigentlich seit 23 Jahren an meiner Seite ist. Wie hat er es all die Jahre zuvor mit mir ausgehalten? Falls du mich schon kennst und mich nett findest, dann ehrt mich das. Ich war früher auch meistens sehr nett und freundlich – doch zu Hause war das anders.

Wenn ich heute zurückblicke, dann sehe ich ganz viel Unzufriedenheit. Ich war ständig am Nörgeln – mit mir selbst und mit meinem Liebsten. Wenn ich schlechte Laune hatte (das war eigentlich immer der Fall, auch wenn es augenscheinlich keinen Grund gab und sogar wenn es mir grundsätzlich gut ging), dann erlebte meine bessere Hälfte mich nörgelnd, motzend, kritisierend. Manchmal nannte er mich „Kontrollfreak“. Ich verstand nicht, wie er das meinte, und war – wie du dir vielleicht vorstellen kannst – ziemlich verärgert darüber. Ich selbst sah mich überhaupt nicht als kontrollierender Mensch und schon gar nicht als „Kontrollfreak“. Rückblickend sehe ich: In meinen Augen hat er nie etwas richtig gemacht. Er hat die Spülmaschine falsch eingeräumt, nicht richtig Staub gesaugt, den

Kühlschrank nicht richtig eingeräumt, die Arbeitsplatte in der Küche nicht richtig saubergemacht, er ist nicht richtig Auto gefahren (zu schnell oder zu langsam), und leider könnte ich diese Liste noch endlos fortführen. All das, von dem ich glaubte, was so nicht richtig ist, habe ich ihm auch vorgeworfen.

Klingt streng und anstrengend? Ja, das war es auch! War mir das wirklich bewusst? Ja und nein ... schließlich war er (zumindest in diesen Beispielen) daran schuld, dass ich das Leben als anstrengend empfand. So glaubte ich.

Ja, mein Leben war schon immer anstrengend. Der Alltag, einige Menschen, ich selbst. Ich war meine größte Kritikerin. Ich machte selbst auch nichts gut genug. Immer gab es Dinge, von denen ich genau wusste: Das geht besser! Oder: Andere sind darin besser.

Perfektionismus, Leistungsdruck, Verantwortungsgefühl – davon hatte ich mehr, als es einem Menschen guttut. Nicht ohne Grund durchlebte ich zwei Burn-outs. Ich glaubte nämlich, immer durchhalten zu müssen – zum Beispiel in Situationen (meist Jobs), die mir nicht mehr gutgetan haben. Ich wurde getrieben von „Ich muss"-Gedanken: „Ich muss durchhalten. Wer A sagt, muss auch B sagen. Andere schaffen das auch. Stell dich nicht so an, Sandra. Bleib stark." Das war jahrzehntelang mein ganz persönliches Gedankenkarussell. Eine Langspielplatte in Endlosschleife.

Klingt streng und anstrengend? Oh ja, das war es.

Solche Situationen endeten nicht nur zwei Mal im Burn-out, nein – hinzu kamen 2002 eine Depression, Angstzustände und Panikattacken über mehrere Monate. 2015 endete eine andere Situation wieder mit Angst und Panik.

Empfand ich mein Leben als lebenswert? Es gab Phasen, in denen hätte ich gesagt: Nein. Und in anderen Phasen dachte ich über das Leben: „Na ja ... so ist es halt ... man kann ja nicht immer glücklich sein, so funktioniert das Leben nicht."

Klingt traurig? Das war es auch.

Traurigkeit begleitete mich seit Kindheitstagen (ohne dass ich unter einer Depression litt – es war eher so eine Grundstimmung) und zog sich, bis ich Anfang 40 war. Meine Stimmung war immer eher verhalten. Meine Schwester und ich hatten irgendwann einen Running Gag: Sie sagte in sehr freudigen Momenten, in denen es wirklich etwas zu lachen und zu freuen gab: „Sandra freut sich wieder nach innen." Sie durfte das sagen, sie ist schließlich meine Schwester – und: Sie hatte recht.

Wenn ich mich freute, dann konnte ich es nicht zeigen. Ich lächelte – aber bloß nicht zu viel, denn eigentlich bin ich ja traurig. Wenn ich das dachte, fühlte ich mich traurig. Lachen passte dazu überhaupt nicht. Auch nicht, wenn es noch so witzig war.

Ich glaubte wohl immer daran, dass ich ein trauriger Mensch bin, dessen Leben einfach nur anstrengend ist. *Ich bin traurig* – mit diesem Gedanken hatte ich mich identifiziert. Und da war noch mehr: Ich war auch nie gut genug, ich konnte nicht gut rechnen, ich war keine gute Führungskraft, keine gute Tochter, keine gute Schwester, keine gute Ehefrau …

Klingt streng? Ja, das war es. Ich war sehr streng mit mir. Ich tadelte mich auf allen Ebenen und in allen Rollen, in die ich in meinem Leben schlüpfte. Eine Zeitlang versuchte ich, diese Glaubenssätze zu ‚bearbeiten'. Ich hinterfragte sie, durchleuchtete sie und ersetzte sie durch positive Affirmationen. Mit Erfolg? Manchmal. Kurz anhaltend funktionierte das schon mal. Langfristig war auch das einfach nur anstrengend.

Nach außen hin – auf andere – wirkte ich immer selbstsicher und selbstbewusst … auch das war anstrengend.

In meinem letzten Angestellten-Job war ich schon länger nicht mehr glücklich gewesen. Immer wieder kam der Wunsch in mir hoch, dass ich gerne selbständig arbeiten würde. Ich glaubte jedoch, dass ich dafür nicht mutig genug wäre. Als ich schließlich meine Pläne angehen wollte, landete ich in einer Mobbing-Situation, die in einem Zusammenbruch endete. Es ging mir nun wirklich sehr schlecht.

Was mich in schwierigen Phasen meines Lebens jedes Mal wunderte, war die Tatsache, dass ich tief in mir immer Vertrauen und Zuversicht spürte. Ich fragte mich so manches

Mal: Woher nehme ich nur dieses Vertrauen? Und woher kommt diese Zuversicht? Diese beiden Wegbegleiter waren immer da, selbst in Zeiten, in denen in meinem Kopf totales Chaos angesagt war. Ich erlebte Gedankenspiralen, Gedankenkarussells, Gedankenstürme, bestehend aus Gedanken, die mein Dasein und mein Leben als schlecht bewerteten. Die mir eine Realität von Hilflosigkeit, Ratlosigkeit, Angst, Sorge und Traurigkeit vorgaukelten. Mein Verstand glaubte zu wissen, wer ich bin. Heute weiß ich, dass mein wahres ICH eine wunderbare Quelle von Vertrauen und Zuversicht ist. Und nicht nur das: Mein wahres ICH ist voller Liebe, Zufriedenheit, Glück, Freude und noch so vieles mehr.

2017 war es dann so weit: Ich machte mich selbständig. Plötzlich war ich mutig. Als ich meinen Angestellten-Job verließ, war plötzlich diese Kraft in mir spürbar – noch mehr Vertrauen, noch mehr Zuversicht und Mut. Ich wusste zu diesem Zeitpunkt einfach: „Es gibt kein Zurück mehr. Tu es jetzt!" Woher ich das wusste? Ich kann es dir nicht sagen – es gab nichts, was sich im Außen verändert hat. Ich hatte weder im Lotto gewonnen (sodass ich keine Existenzangst mehr haben musste), mein Mann wurde auch nicht zum Millionär, der Hauskredit war noch lange nicht getilgt. Es gab im Außen keine finanzielle Sicherheit (die mich bisher von meinem Traum der Selbständigkeit abgehalten hatte). Als mein Geist zur Ruhe gekommen war – nach einigen Monaten Auszeit und einer Reha –, war das Gefühl in mir spürbar und die Stimme in mir wurde immer lauter. Es war keine Stimme in den Gedanken. Die Stimme, die ich meine, ist wortlos. Es ist einfach ein Gefühl des tiefen inneren Wissens. Mein wahres ICH.

2019 führte mich meine Selbständigkeit in ein Business-Coaching zu Shailia Stephens. Ihre Art, mit mir zu arbeiten, war anders als andere Coachings, die ich bis dahin erfahren hatte. Am Ende unserer Zusammenarbeit erzählte sie mir bei einem Spaziergang von den Drei Prinzipien. Etwas darin sprach mich an, erklären konnte ich es jedoch nicht. Jegliche Versuche, ‚es' mit meinem klugen Verstand zu verstehen, scheiterten. Und ich wusste tief in mir: Da ist etwas für mich drin, ich weiß nur noch nicht was. Dieses innere Wissen führte mich in den Online-Kongress über die Drei Prinzipien von Lea Wernli und Shailia Stephens mit dem Titel „Mein geheimes Leben". Du erinnerst dich? Ich verstand diesen Titel nicht und trotzdem meldete ich mich an.

Ich schaute das erste Video, war tief berührt, fing bitterlich an zu weinen, schlief darüber ein und schaute kein weiteres Video mehr. Ich hatte irgendetwas darin gehört, ohne es beschreiben zu können. Ich weiß heute nicht mehr, warum ich nicht weiter geschaut habe. Das ist auch nicht wichtig, denn kurz darauf meldete ich mich zur Ausbildung „Transformative Coaching" bei den beiden an. Ich wollte verstehen, ich wollte Transformation in mir erleben und gleichzeitig etwas als Coach für meine Klienten mitnehmen (obwohl ich bereits als Coach ausgebildet war, doch ich wusste wieder: Hier ist etwas für mich und alle drin).

Von da an bin ich eingetaucht in das Verständnis der Drei Prinzipien. Ich habe immer mehr für mich gesehen und gespürt, wie ich mein Leben von innen nach außen lebe. Dass diese wunderbare Stimme meines wahren Ichs IMMER da ist. Ich höre sie immer deutlicher und das Wichtigste dabei ist, dass ich ihr immer vertrauen kann. Vor allem dann, wenn ich den kontrollierenden Gedanken meines Egos nicht mehr diesen Raum gebe, wie ich es Zeit meines Lebens getan habe.

Nur wenige Monate nach Beginn der Ausbildung passierte es dann …

Der Blitz traf mich im Auto

Ich fuhr in meinem Auto vom Supermarkt nach Hause. Und da war er schon wieder: Der Gedanke, der da in mein Bewusstsein schlenderte und sprach: „Mein geheimes Leben". Mein innerer Dialog mit mir selbst lief dann so ungefähr ab: „Aaahhh, duuu schon wieder … mein geheimes Leben, mein geheimes Leben", äffte ich diesen Titel nach. Und dann passierte es: Von einer Sekunde auf die andere traf mich die Erkenntnis wie ein Blitz! *Wusch*, *Peng*, *Donner* – und es wurde schlagartig hell!

Mit weit aufgerissenen Augen schlug ich meine rechte Handinnenfläche an meine Stirn und rief laut aus: „Naaa klaaar!!! Mein geheimes Leben! Ich habe ja *auch* ein geheimes Leben geführt. Die (Lea und Shailia) meinen damit, dass man nicht DAS Leben führt und nicht DIE Person lebt, die man eigentlich ist. Also ICH, die Sandra, die ich wirklich bin." Und nach diesem Blitz und Donner hagelte es Bilder, Menschen und Situationen vor meinem inneren Auge und durch meine Gedanken. Ich sah es: **Zeit meines Lebens lebte ich ein Leben, in dem ich nicht mir selbst gefolgt bin! Ich lebte ein geheimes Leben.**

Ich lebte ein Leben in der Illusion meiner Gedanken: Schon als Teenager hatte ich Freunde, die in Wahrheit keine waren. Freunde, die üble Dinge mit mir gemacht hatten. Die gemein und manchmal sogar handgreiflich waren. Freunde, die mir alles andere als gutgetan hatten. Und ich hatte mir eingeredet: Besser diese Freunde als gar keine Freunde.

Und es war nicht nur dieser Gedanke. Viel lauter waren die anderen Gedanken, die mich an mir zweifeln ließen. Ich hatte mich immer häufiger gefragt: Was mache ich falsch? Damals fing es an, dass ich dachte: Etwas stimmt mit mir nicht. Ich suchte die Fehler bei mir. Viele Jahre. Einfach weil ich es nicht besser wusste, begann ich all den Gedanken zu glauben, die sich Moment für Moment in mein Bewusstsein drängten. Mir hatte ja nie jemand gesagt (weil es auch niemand sonst in meiner Umgebung wusste), dass ich mir damit eine Realität erschaffe, die eine Illusion ist. Mit mir war nämlich in Wirklichkeit schon immer alles in Ordnung.

Mit 23 Jahren wurde ich leitende Führungskraft. Von heute auf morgen ein sehr gutes Job-Angebot. Rückblickend kann ich mich sehr gut daran erinnern, dass mein Innerstes das gar nicht wollte. Doch dann ließ ich mich von meinen Gedanken wegtragen. Das waren Gedanken darüber, dass ich viel Geld verdienen würde und dadurch dann ein gutes Leben führen könne. Erst

Jahre später fiel mir auf, dass ich damals gar nicht darüber nachgedacht hatte, was für mich ein gutes Leben ausmacht. Es waren Gedanken über Chancen und Gedanken darüber, dass ich dankbar sein muss, wenn mir so etwas angeboten wird. Die innere Stimme, die es besser wusste, schob ich geflissentlich zur Seite, um sie zum Schweigen zu bringen.

Verstand und Herz waren in einem unfreundlichen Dialog:

Ego an Herz: „Halt die Klappe, ich weiß es besser!"

Herz an Ego: „Ja aber, willst du das wirklich? Bist du dir da sicher?"

Ego: „Ruhe!"

Früher hätte ich gesagt, das waren Engelchen und Teufelchen – das eine saß scharfzüngig, tadelnd, forsch und laut auf der rechten Schulter und das andere saß liebevoll, wohlwollend, mit sanfter Stimme auf der linken.

Leitende Führungskraft zu sein, war nur *ein* Job, den ich aus irgendeiner (erdachten) Vernunft heraus gemacht habe – Gedanke versus Intuition. Verstand versus ICH. Ego versus mein tiefes inneres Wissen, meine persönliche Wahrheit. Dies alles leuchtete auf in diesem Moment des Blitzes beim Autofahren.

Mein geheimes Leben

Zeit meines Lebens umgab ich mich immer wieder mit Menschen, die mir nicht gutgetan haben. Ich machte Jobs, die mich nicht erfüllt haben. Ich lebte nicht MICH. Ich lebte irgendetwas, von dem meine Gedanken mir erzählten, dass es so richtig sei.

Ich lebte ein geheimes Leben.

Als ich DAS gesehen habe (ich war immer noch auf dem Nachhauseweg, der schlappe drei Kilometer weit war), begann ich laut loszulachen. Ich saß in meinem Auto, lachte – und je mehr ich lachte, desto mehr spürte ich, wie Schwere von mir abfiel. Es war dieser viel zitierte Stein, der von meinem Herzen fiel. Meine Arme wurden leichter, in der Brustgegend fühlte ich mich befreit. Zeitgleich zu diesem Erleben bahnten sich jede Menge Tränen ihren Weg nach außen.

Wenige Minuten später parkte ich mein Auto vor unserem Haus. Ich hielt an, zog die Handbremse, schaltete den Motor aus und blieb sitzen. Ich weinte bitterlich. Tränen liefen und ich schnappte nach Luft – es war eine wahre Befreiung!

Das Weinen war kein Leiden, kein Jammern über verlorene Zeit oder wie bitter doch mein Leben gewesen war. Nein, das Weinen war pures Loslassen und darunter mischte sich Freude. Die Freude darüber, diesen erleuchtenden Moment wahrgenommen zu haben. Ich saß da, weinte und lachte, weinte und lachte.

Als ich fünf Minuten später aus dem Auto ausstieg, wusste ich: Etwas in mir hat sich verändert. Von diesem Moment an gibt es ein ‚Davor' und ein ‚Danach'.

Wie geht es mir heute?

Von diesem Tag an purzelte mir eine Erkenntnis nach der anderen in mein Bewusstsein. Es war so, als wäre ein Dominostein umgefallen, der zahlreiche Steine vor ihm angestoßen hat – eine Kettenreaktion war in Gang gesetzt worden. Eine meiner Kolleginnen, die das miterlebte und meine Veränderung sah, nannte mich nach einigen Wochen spaßeshalber „die Erkenntnispflückerin". Ja, tatsächlich war es so: Ich pflückte eine Erkenntnis nach der anderen auf der Wiese meines Lebens. Als ich anfing zu sehen, wie wir Menschen von Natur aus geschaffen sind, gab es kein Zurück mehr. Ich sah immer mehr und Moment für Moment bewusster als jemals zuvor.

Heute weiß ich: Du und ich, wir sind Tiefen-Okay! Ich sehe die Wahrheit über unsere menschliche Natur, in der alles im Fluss ist. In uns ist eine Quelle, die immer fließt, die uns immer die Richtung weist, die uns durch unser Leben leitet. Wir SIND diese Quelle. Gleichzeitig nehmen wir wahr und wir denken. Die Wahrheit über uns alle ist: Wir können Moment für Moment entscheiden, wem wir folgen: dem Ego, unserem Verstand, der alles zerdenkt – oder unserer wahren Persönlichkeit. Die, die uns gute Entscheidungen treffen lässt, die unsere Kreativität ist, die Vertrauen, Freude und Zuversicht und vor allem Liebe ist.

Heute liebe ich mich selbst. Hui – vielleicht klingt das groß für dich. Und weil ich mich selbst so sehr liebe, fällt es mir leicht, die Menschen in meinem Leben noch viel mehr zu lieben – so, dass auch sie es spüren. Wenn ich früher solche Sätze gelesen habe wie: „Du musst erst dich selbst lieben, bevor du andere lieben kannst", dann hätte ich kotzen können! Entschuldige, dass ich so direkt bin – aber genauso war es.

Ich bin bei mir selbst angekommen. Als ich das wahrgenommen habe, sagte ich zu mir selbst: Ich bin zu Hause angekommen. Bei mir. Ein wundervolles Gefühl, das zu beschreiben in Worten kaum möglich ist.

Es geht mir sehr gut! Noch immer wundere ich mich, dass diese Worte durch mich hindurch kommen. Besonders das Wort SEHR. „Es geht mir sehr gut." Da kommt auch kein ‚eigentlich' mehr daher. Es ist, wie es ist. Auch an Tagen, an denen es mir nicht so gut geht – weil ich vielleicht doch mal in einem Gedankenkarussell bin (niemand ist davor gefeit, denn es ist völlig menschlich und ganz normal) oder weil ich Migräne habe, dann spüre ich unter den Gedanken, unter dem Schmerz und dem Leid, dass es mir sehr gut geht. Das ist sehr, sehr hoffnungsvoll. Es gibt mir Hoffnung, dass alles gut wird. Hoffnung, dass es bald vorbei ist und ich mich wieder richtig wohl fühlen werde. Denn ich kenne jetzt dieses Gefühl von ‚es geht mir sehr gut'.

Ich empfinde tiefe Freude und tiefes Glück. Ich kann frei und laut lachen – es kommt einfach aus mir heraus. Der Running Gag meiner Schwester gehört der Vergangenheit an und wir lachen gemeinsam aus tiefstem Herzen.

Mein Leben ist heute leicht. Ich bin innerlich ruhig, gelassen, entspannt.

Ich bin heute in der Lage, gute Entscheidungen zu treffen – ohne dass ich Tage, Wochen oder Monate leide, bis die Entscheidung gefallen ist. Das heißt nicht immer, dass ich die Entscheidung schneller treffe, es heißt, dass es mich nicht mehr belastet, bis sie getroffen ist. Und es braucht eben so lange, wie es braucht.

Meine Beziehungen haben sich verändert. Die Liebe zu meinem Mann war schon immer tief, doch im Alltag unserer Partnerschaft war davon oft nichts zu sehen oder zu spüren. Heute sind wir wie eine Symbiose in Liebe. Kein Nörgeln mehr, kein Motzen mehr, der Kontrollfreak ist verschwunden. Wir führen noch bessere Gespräche als vorher. Es ist, als würden wir uns neu kennenlernen und uns täglich neu verlieben.

Als ich irgendwann einmal mit meinem Mann über meine Erkenntnisse und mein Erleben der letzten Monate sprach und demzufolge auch über unsere Beziehung, hörte er still und präsent zu. Und plötzlich sagte er: „Ich verstehe. Eine Beziehung geht nicht kaputt, eine Beziehung denken wir uns kaputt." Ich war verblüfft! Einfacher und logischer hätte er es nicht ausdrücken können.

Übrigens: Heute weiß ich, dass er mit dem „Kontrollfreak" absolut recht hatte. Mein Verstand glaubte, dass ich Situationen kontrollieren kann. Ich hielt an Gedanken fest, wie Dinge sein sollten, damit sie gut oder richtig sind. Wie ich und wie andere sein sollten, damit sie gut oder richtig sind. Aus dieser Stimmung heraus hat meine bessere Hälfte mich als kontrollierenden Menschen wahrgenommen. Meine persönliche Definition eines kontrollierenden Menschen war eine völlig andere und deshalb habe ich nicht verstanden, was er meinte.

Wenn ich heute schlecht gelaunt bin, dann sehe ich das als ein sehr liebevolles Signal meines Systems: Wenn ich es bemerke, dann weiß ich, dass ich in irgendeiner Gedankenenergie abhänge. Und in den allermeisten Fällen weiß ich dann, was es für mich zu tun gibt: In diesem Moment des Bewusstseins werde ich präsent und kann der Stimme lauschen, die meine ganz persönliche Weisheit ist und mir meine ganz persönliche Wahrheit schenkt.

Und noch etwas ist passiert: Die Beziehung zu meiner Mutter hat sich um 180 Grad gedreht. Ich kann ihre bedingungslose Liebe endlich zulassen und wir verbringen eine schöne Zeit miteinander.

In der Zusammenarbeit mit Kolleginnen habe ich Freude und Lust entdeckt, die ich früher von mir nicht kannte. Team-Arbeit war noch nie so leicht, bereichernd und schön wie heute.

Mein Business ist leicht geworden. Meine Kreativität ist wiedererweckt und ich arbeite mit einer Leichtigkeit und Freude wie nie zuvor. Und das, obwohl ich früher auch schon das getan hatte, was ich liebe.

Ich erinnere mich an die Menschen und ihre Erzählungen aus „Mein geheimes Leben". Nun habe ich selbst eine solch wundervolle Transformation erfahren.

Ich bin.

Ich liebe mein Leben.

Du kannst das auch.

Sandra Liane Braun *ist Lebensentdeckerin, Gedankensortiererin, Transformative Coach und süchtig nach Chips. Über ihr „zweites Leben" nach zwei Burn-outs wurde ein Filmbeitrag gedreht. Wenn sie nicht gerade schreibt, wandert oder mit ihrem Mann im Wohnmobil verreist, hilft sie ihren Kunden „Raus aus dem Stress, rein ins Leben".*

www.sandralianebraun.de

Zuhause ist kein Ort, sondern ein Gefühl

von Antonietta D'Angelo

Es ist nie zu spät, das Leben mit DEINEN Farben einzufärben. Egal ob du 30, 50, 60 Jahre oder sogar älter bist! Es ist nie zu spät, bekannte und plattgetretene Pfade zu verlassen und neue Pfade zu gehen. Es ist nie zu spät zu erkennen, wer wir jenseits unserer gesellschaftlichen Prägung wirklich sind.

Meine Geschichte beginnt in einem Bauerndorf im wunderschönen Hegau südlich des Bodensees, umgeben von grünen Feldern und drei ehemaligen Vulkanhügeln. Bambolina – so nannten mich meine Eltern und Verwandten als kleines Mädchen. Als Nesthäkchen einer italienischen Migrantenfamilie, die in den 1960er Jahren aus wirtschaftlichen Gründen nach Deutschland auswanderte, hatte ich als siebtes Kind das Licht der Welt erblickt. Ich wuchs im wahrsten Sinne des Wortes zwischen zwei Welten auf: Als Kind fühlte es sich so an, als stünde ich mitten auf einer Brücke. Auf der einen Seite die Deutschen mit ihrem Wohlstand und Mütter, die zu Hause sind und für ihre Kinder das Mittagessen kochen. Auf der anderen Seite die Migranten, die ihr Lebenszentrum, ihre Wurzeln verlassen haben, um sich ein Leben ohne finanzielle Sorgen aufzubauen.

Mitten auf dieser Brücke wuchs ich also auf, stets zwei

gegensätzliche Lebensvorstellungen vor Augen, was mich dazu brachte, die Menschen in zwei Kategorien einzuteilen: diejenigen, denen alles schon gegeben ist, und diejenigen, die sich alles hart erarbeiten müssen. Die Sonnenkinder waren meine deutschen Freundinnen, aus deren Häusern mir der Geruch von liebevoll gekochtem Essen entgegenströmte, wenn wir uns nach der Schule zum Spielen trafen. Sie durften einem Hobby nachgehen, bei der Freundin übernachten, weinen oder auch nicht. Aus meiner Sicht hatten sie es immer besser als ich! Die Schattenkinder, und als eines von ihnen fühlte ich mich damals, mussten zu Hause kochen, Wäsche waschen (damals hatten wir noch keine Waschmaschine) und gehorchen, wir durften keine Wünsche äußern, sondern sollten immer lieb und angepasst sein. Anpassung wurde uns regelrecht eingetrichtert: Als Ausländer darf man nicht negativ auffallen, sondern muss immer nett sein. Da wir als Kinder bekanntlich alles tun, um zu überleben, versuchen wir also – um etwas Liebe zu erhaschen – den Anforderungen, die an uns gestellt werden, zu entsprechen.

Selbstverständlich gab es auch in meiner Kindheit Momente, in denen ich mich – trotz der Verbote und strengen Regeln – geborgen fühlte. Nämlich in den Momenten, wenn ich sonntags in der Kirche saß und Gespräche mit Gott abhielt, oder wenn ich aus Langeweile begann, in unserem Garten hinter dem Haus die Bäume und den Bach abzuzeichnen, der durch unseren Garten floß. In diesen Momenten fühlte ich mich verbunden mit der Natur und tauchte ab in ein unendliches Wohlsein und ein Gefühl der grenzenlosen Wärme. *In diesen Momenten fühlte ich mein Zuhause.*

Ich träumte von einem besseren Leben. Für mich war klar, dass ich als Erwachsene alles anders und besser machen wollte, als meine Eltern es getan hatten. Nein, ich wollte nicht das Leben der Italiener, die das, was sie sagten, oft nicht wirklich meinten, und wo dem äußeren Schein mehr Bedeutung beigemessen wurde als dem Sein. Eines Tages wollte ich frei sein, um tun zu können, was ich wollte: in einem wunderschönen Haus wohnen, genug Geld zum Ausgeben haben und tolle Kleider tragen. Als Kind stellte ich mir dies als Zutaten für ein glückliches Leben vor. Meine Kindheitserfahrung wurde der Antrieb für all meine späteren Erfolge und Misserfolge. Ich begann ein Wettrennen auf der Suche nach MEINER wahren Identität, die ich im Tun, im erfolgreichen Abschluss aller möglichen Aus - und Weiterbildungen suchte – und ich suchte immer außerhalb von mir. Damit machte ich mich abhängig von den Meinungen der anderen, was dazu führte, dass ich mich gerne an den Meinungen der Mehrheit orientierte, anstatt immer ehrlich meinen Standpunkt zu vertreten.

Materiell erreichte ich alles, was nach dem Maßstab unserer westlichen Gesellschaft erstrebenswert ist. Nach meiner Heirat zog ich in die Schweiz und holte mein Abitur nach, welches mir meine Eltern vorher verweigert hatten. Ich erfüllte mir meinen Kindheitstraum und studierte auf Lehramt, weil ich Kinder ermutigen wollte, an sich zu glauben und ihren Träumen zu folgen, egal aus welcher sozialen Schicht sie stammen. Ich wurde selbst mit zwei tollen Kindern gesegnet und machte mein damaliges Hobby zum Beruf: Ich motivierte Hunderte von Kindern und Erwachsenen in Aerobicstunden voller Power. In diesen Stunden fiel ich in einen zeitlosen, energetischen Raum, fühlte die Verbindung zu meinen Teilnehmer*innen und sprudelte nur so von Energie. Es waren zauberhafte Stunden, die uns in einen zeitlosen Moment voll nährender Energie brachten und manch einen mit einem breiten Grinsen nach Hause gehen ließ.

Dennoch war ich nie zufrieden mit meinen Erfolgen. Ich suchte ständig danach, was ich besser machen könnte, suchte nach dem, was mir nicht gelungen war. Ganz gleich, was ich tat, es war nie gut genug für mich. Die hohen Ansprüche an mich selbst hatte ich auch an mein Umfeld: Meine Liebsten sollten anders sein, als sie waren, meine Arbeitskolleg*innen ebenfalls. Ich war eine kritische Bewertungskünstlerin geworden. Viele Jahre glaubte ich meinen Gedanken über mich und die Welt –

und ich fand auch immer genug Gründe, weshalb das gerade richtig war. Im Nachhinein betrachtet kann ich erkennen, dass ich eigentlich immer auf der Brücke stand und mal hierhin und mal dorthin gesprungen bin, um nichts in meinem Leben zu verpassen – oder gar zu verpassen, der Mensch zu sein, der ich dachte sein zu müssen, um geliebt zu werden.

Meine Kategorisierung des Lebens in Schwarz oder Weiß, Gut oder Böse, Richtig oder Falsch führte in meinem Erwachsenenleben dazu, dass ich mich weiterhin getrennt vom Leben fühlte. Den Zugang zu innerem Frieden, zur schöpferischen Quelle, fand ich nur in Gebeten und zeitweise in den verschiedenen Religionsgemeinschaften, mit denen ich mich jeweils auseinandersetzte. Ich glaubte immer an eine schöpferische Intelligenz hinter dem Leben. Ich verwende hierfür gerne die arabische Bezeichnung für Gott: Allah. Denn Allah bedeutet EINheit.

In meinem persönlichen Optimierungswahn – ich liebe dieses Wort, weil es so treffend meinen jahrelangen Geisteszustand ausdrückt – gab es immer wieder Zeiten, in denen ich mein Leben hinterfragte. Es gab Augenblicke, begleitet von Gefühlen wie Wut, Trauer und Resignation, in denen ich fühlte, dass etwas nicht echt ist. Irgendwie fühlte sich mein „scheinbar erfolgreiches Leben" so an, als ob etwas fehlte. War das der Sinn meines Lebens? Gab es da nicht etwas anderes, etwas Echteres?

Auf der Suche nach Klarheit stieß ich auf den Online-Kongress „Mein geheimes Leben" von Lea Wernli und Shailia Stephens. Darin erzählten unterschiedliche Menschen, wie sie ihre persönliche Transformation zum eigenen SELBST-BEWUSST-SEIN erlebt hatten. Das erste Interview, das ich hörte, war mit Sandra Heim. Ihre Geschichte berührte mich tief. Ich wusste zu dem Zeitpunkt nicht genau, wovon sie sprach, aber ich FÜHLTE, dass sie von etwas sprach, dass ich tief im Innern kannte. Ich konnte nicht in Worte fassen, was ich da erlebte, aber ich wusste, dass ich etwas (wieder)gefunden hatte, wonach ich mich viele Jahre unbewusst gesehnt hatte: Es war der Ort in mir, der tiefes Vertrauen, Wärme und Güte in sich trägt. Da war plötzlich dieses Gefühl von VERSTANDENSEIN, ich war nicht mehr alleine. Ich entdeckte, dass die Brücke, auf der ich zu stehen meinte – und die für mich bis zu dem Zeitpunkt immer ein „Entweder-oder" dargestellt hatte –, eine Verbindung herstellte von meiner äußeren zu meiner inneren Welt! Sie lud mich dazu ein, den verborgenen Teil meines Ichs wiederzuentdecken. Ich hörte auf zu rennen und hielt inne, begann zu lauschen und zu beobachten, was sich aus diesem Ort in mir offenbarte. An diesem Ort sind wir verbunden mit unserer Lebensquelle, hinter der dieselbe göttliche Intelligenz steckt, die uns atmen lässt, die uns morgens aufwachen und abends wieder einschlafen lässt. Dieser Ort kennt keine Unterschiede, er verursacht keine Trennung, sondern IST Einheit, Liebe und Akzeptanz. Ich glaube, schon Einstein kannte genau diesen Ort tiefer Verbundenheit, denn von ihm heißt es: „Hinter all meinen Untersuchungen steht eine höhere Intelligenz, die alles in den Händen hat."

In dem beschränkten Wahrnehmungsfeld meines kleinen Verstandes hatte ich die Welt in zwei Kategorien begrenzt. Nun begab ich mich auf die Reise zu dem Ort in mir selbst, wo es keine Kategorien, keine Dualität, keine Unterschiede, kein Besser und Schlechter, keine Bewertungen gibt! Sondern nur liebevolles GeWAHRsein, dass jeder von uns als Teil der universellen Schöpfung wahrlich okay ist, so wie er ist!

Ganz leise, ohne großes Trara klärte sich die angeschlagene Scheibe, die mir viele Jahre die Sicht verzerrt hatte. Ich durfte immer klarer erkennen, wie das Menschsein funktioniert, wie wir mit unseren Gedanken unsere Gefühle kreieren und dass unsere individuelle Lebens-Wahrheit nicht irgendwo draußen zu finden, sondern von Geburt an in uns angelegt ist.

Meine Gespräche mit Gott fanden nicht mehr im Außen statt, sondern ich nahm wahr, dass ich ein Teil der universellen Schöpfung bin und stets die Weisheit in mir trage, die mich führt und lebt. Das fühlte und fühlt sich echt an! Ich erkannte, dass ich mich all die Jahre nach den äußeren Umständen gerichtet hatte, dass ich in meinem Kopf ein Idealbild meiner Selbst und meines Lebens erschaffen hatte, das aber nicht immer mit dem übereinstimmte, was meine göttliche Essenz für mich vorgesehen hatte. Mit der neuen Klarheitsbrille erkannte ich, wie ich mich jahrelang meiner inneren Weisheit widersetzt hatte, weil das, was sie mir zuflüsterte, nicht in mein Konzept von Anerkennung passte. Ich bin unendlich dankbar, dass ich heute über das widerspenstige, trotzige Kind, das ich war, lachen kann.

Meine Maske der Selbstoptimierung, hinter der ich mich versteckt hatte, fing an zu bröckeln. Mit ihr zerfielen meine Zweifel, Schuldgefühle und Ängste. Meine neue Lebensanschauung erlaubt mir heute, meine kreierten Konzepte und Glaubenssätze zu bemerken und mich selbst nicht immer ganz so ernst zu nehmen. Mein Leben fühlt sich – trotz zwischenzeitlicher Herausforderungen – so viel leichter und vor allem echter an. Ich bin entspannter und zufriedener, meine Beziehung zu mir selbst und die Beziehungen zu meinem Umfeld haben sich stark verbessert. Meine Bewertungen mir und den anderen gegenüber haben sich deutlich verringert. Vor ein paar Jahren noch distanzierte ich mich von Menschen, die eine ganz andere Sichtweise hatten als ich. Heute kann ich mir andere Meinungen anhören, ohne dass ich mich selbst beziehungsweise meine Sichtweise in Frage stellen muss. Ich nehme die Launen der anderen nicht mehr persönlich. Ich kann meinem Gegenüber bewertungsfrei zuhören und ihn so akzeptieren, wie er ist. Ich gehe viel ungezwungener auf Menschen zu. Anstelle von Misstrauen breitet sich immer mehr Vertrauen aus, anstelle von Zweifel vermehrt sich die Zuversicht, anstelle von Mangeldenken treten Dankbarkeit und Akzeptanz für den Augenblick hervor. Anstelle von Vorwürfen kommt Verständnis für die Vielfalt des Lebens zum Vorschein: Der Ausdruck der Schöpfung in der Natur, in den Geschlechtern und den kulturspezifischen Eigenheiten – sie sind ein Geschenk des Lebens, genauso wie du und ich, sind sie von ein und demselben Ursprung abgeleitet. Verbunden mit dieser Einheit fühle ich mein ZUHAUSE! Denn Zuhause ist kein Ort, sondern ein Gefühl!

***Antonietta D'Angelo** ist Lehrerin sowie transformativer Lern-, Life- und Bewegungscoach mit Leib und Seele. Sie ermutigt Menschen aus verschiedenen Kulturen, sich von beschränkenden Gewohnheitsgedanken zu lösen. Durch ihre liebevolle Präsenz hilft sie ihnen, sich mit ihrer inneren Weisheit und ihrem wahren Potential zu verbinden – für ein erfülltes und gesundes Leben. Als in Deutschland geborene Italienerin wohnt sie zurzeit in der Schweiz. Ihre Heimat trägt sie in ihrem Herzen, denn ihr Motto ist: Zuhause ist kein Ort, sondern ein Gefühl.*

Du erreichst die Autorin unter der E-Mail-Adresse: antonietta.dangelo@mail.ch

Ein Leben im Kopf ist ein Leben im Leid

von Shailia Stephens

Das Wichtigste zuerst

Mein Mentor Dr. Dicken Bettinger war ein langjähriger Schüler von Sydney Banks, einem schottischen Fabrikarbeiter mit einem niedrigen Bildungsgrad. Ich glaube, jener Sydney Banks erwachte im Jahr meiner Geburt (1974) zur Wahrheit über das Leben und begann diese direkt mit anderen zu teilen. Das tat er 35 Jahre lang, bis zu seinem Tod im Jahr 2009.

Menschen aus nah und fern besuchten seine Vorträge, und als sie Sydney Banks zuhörten, wurden sie von seinen Worten und dem Gefühl, das er ausstrahlte, tief berührt. Sie konnten es selbst kaum erklären, aber sie bemerkten, dass sich ihr Leben durch das Zuhören veränderte. Anstatt Sorgen, Verwirrung und Angst spürten sie nun innere Ruhe, Klarheit und Urvertrauen.

Eines Tages waren meine Geschäftspartnerin Lea Wernli und ich online mit Dr. Dicken Bettinger zu einem Mentoring-Gespräch verabredet. Ich weiß gar nicht mehr, was das eigentliche Thema war. Aber unerwartet und plötzlich war Dicken in seinen Erinnerungen bei Sydney Banks und seinen Vorträgen. Er erklärte klar und mit Nachdruck: „Syd sagte das Wichtigste immer zuerst. Danach hat er viel erzählt, aber das Wichtigste sagte er immer zuerst.“

Diese Aussage hat gesessen und seitdem bemühen Lea und ich uns in allem, was wir tun – ob in Coachings und Trainings oder beim Schreiben von Blogbeiträgen und Büchern –, das Wichtigste zuerst zu vermitteln: Die Dinge, von denen wir wissen, dass sie das höchste Potential für positive Veränderung in sich bergen.

Hier kommt also das Wichtigste, was ich je gelernt habe. Ich habe es zwar erst mit 40 Jahren und nach einem langen Leidensweg erfahren, aber kein einziger Schritt auf dem Weg war vergebens und es war überhaupt nicht zu spät, um zur Wahrheit aufzuwachen. Auf geht's!

Ein Leben im Kopf ist ein Leben im Leid

Egal, was wir denken – wenn wir über einen längeren Zeitraum hinweg zu viel Zeit in unserem Kopf mit unseren Gedanken verbringen, gerät unser System außer Balance. Dieses Ungleichgewicht macht sich in unserem Geist und später in unserem Körper bemerkbar.

Wir werden unruhig, unsicher und unzufrieden. Mit der Zeit fühlen wir uns dann immer ängstlicher, aggressiver, depressiver und erschöpfter – bis hin zu anderen heftigen emotionalen Erscheinungen. Zu viel Zeit im Kopf raubt uns Energie und Lebensfreude. Zu viel Zeit im Kopf hat eine benebelnde Wirkung auf uns und lässt uns nicht klar nach vorne sehen.

Doch es gibt eine gute Nachricht.

Diese unangenehmen und Kräfte raubenden Gefühle – die manchmal subtil und stumpf und manchmal wie ein Tsunami aus überwältigenden Emotionen daherkommen – sind unsere besten Freunde!

(Lass das für einen Moment auf dich wirken, bevor du die nächsten Sätze liest!)

Alle diese Gefühle sind ein wichtiges Signal für uns. Sie lassen uns glasklar wissen, dass wir uns im Kopf befinden und gerade dabei sind, unseren stressigen oder sorgenvollen Gedanken zu viel Aufmerksamkeit zu schenken.

Hier kommt ein interessanter Fakt: ALLE schmerzhaften Gefühle sind wichtige Signale für uns Menschen. Zum Beispiel, wenn wir zu schnell Eis essen und unversehens einen Gehirnfrost bekommen. Dieses schmerzhafte Gefühl hält Informationen für uns bereit. Es lässt uns wissen: Stopp, Unterkühlungsgefahr! Und intuitiv legen wir eine Pause ein, essen das Eis langsamer oder trinken einen Schluck warmes Wasser. Was für ein „cooles" System!

Unsere emotional schmerzhaften Gefühle sind ebenfalls ein Teil desselben Systems. Sie lassen uns wissen: Stopp! Deine Aufmerksamkeit liegt gerade auf Gedanken, die nicht dienlich für dich sind. Komm raus aus deinem Kopf und zurück in diesen präsenten Moment – dort, wo das Leben sich eigentlich abspielt.

Aber die meisten Menschen nehmen ihre Gefühle weder als freundliche Signale noch als Denk-Stoppschilder wahr. Warum? Weil die ganze Welt uns von klein auf konditioniert hat, unsere Gefühle falsch zu deuten. Es ist ein klassisches, kollektives Missverständnis.

Deswegen hat niemand uns gesagt, dass wir unser menschliches System außer Balance bringen und uns selbst ziemlich wehtun können, wenn wir unsere Denk-Stoppschilder ignorieren, einfach weiterfahren und nach wie vor unser Leben im Kopf verbringen.

Kein Problem, jetzt weißt du es: Ein Leben im Kopf ist ein Leben im Leid.

(Prüfe für dich selbst, ob sich diese Aussage für dich wahr anfühlt.)

Lass uns weiterschauen …

Wenn wir unsere Denk-Stoppschilder (also unsere schmerzhaften Gefühle) unwissend ignorieren, sogar weiterfahren und in unserem Kopf noch mehr Zeit mit unseren stressigen Gedanken verbringen, dann kommt als Nächstes unser Körper ins Spiel.

Unser Körper versucht uns zu bremsen – mit Hilfe von physischen Signalen wie Müdigkeit, Kopfweh oder leichter Verspannung. Wenn wir es verpassen, diese physischen Signale wahrzunehmen, ist das System so freundlich und alles eskaliert noch einmal – bis hin zur chronischen Erschöpfung, zu beunruhigenden Schmerzen oder merkwürdigen und lang anhaltenden Erkrankungen.

(Über vier Jahre hinweg hat mein Körper auf diese Art und Weise gestreikt. Mehr dazu später.)

Das System „Mensch" führt uns also stets in Richtung Balance und somit in Richtung Gesundheit. Es will uns helfen, uns bremsen und erkennen lassen, dass wir schon zu lange im Kopf bei unseren Gedanken im roten Bereich unterwegs gewesen sind. Ich wiederhole es: Das System ist freundlich.

Das wusste ich selbst lange nicht. Denn sobald wir mental am Kreisen sind und sich unsere Körper so stark zu Wort melden, beginnen viele von uns zu glauben, dass unser System sehr UNfreundlich sei und dass etwas mit uns nicht stimme. Wir entwickeln die Überzeugung, dass wir kaputt oder irgendwie gebrochen seien. Aber das könnte nicht weiter von der Wahrheit entfernt liegen!

In Wahrheit funktioniert unser menschliches System (und somit auch dein System) perfekt. Es signalisiert uns die ganze Zeit nur, wo wir gerade sind: entweder in dem Gefühl eines Lebens im Kopf mitsamt seinen Auswirkungen oder ruhig, klar und sicher im Hier und Jetzt.

Hier eine weitere gute Nachricht: Egal wie lange du deine unangenehmen Gefühle und die körperlichen Symptome, die von einem Leben im Kopf entstanden, falsch interpretiert hast: Du kannst jederzeit damit beginnen, sie richtig zu deuten. Und dann fängt ein neues Leben an, ein sehr lebenswertes Leben sogar!

Ich bin zu 100 % der Überzeugung, dass das für dich möglich ist – und das ist der Grund, warum ich dir gleich meine persönliche Geschichte erzählen werde. Damit du vielleicht etwas Neues für dich siehst, das dich raus aus deinem Kopf und rein in das wahre Leben kommen lässt. Dort, wo alles so schön ist.

Das wünsche ich dir von ganzem Herzen!

Mein Leben im Kopf führte zu einem Burn-out

Zwischen meinem zwanzigsten und dreißigsten Lebensjahr war mein Kopf voll mit dem Thema „Vorankommen im Beruf". Ich war jung und beruflich unerfahren, aber auch ehrgeizig ohne Ende. Ich wollte mich unbedingt beweisen und dafür Ansehen bekommen.

Ich trieb mein System ans Limit und brannte mich bereits mit 26 Jahren aus. Natürlich war mein Burn-out ein sehr klares und freundliches Denk-Stoppschild, das mir erst mein Geist und dann später mein Körper zeigte.

Aber damals wusste ich das nicht. Ich dachte, dass mein sehr fordernder Chef, meine große Verantwortung als Online-Abteilungsleiterin in einer PR- und Werbeagentur, meine schwierigen Kunden und die vielen Überstunden, die ich leistete, mich in den Abgrund beförderten.

Jeden Morgen fuhr mein Mann mich ins Büro. Er war damals in derselben Firma tätig wie ich. Jeden Morgen schaute ich aus dem Autofenster hinaus. Aber ich habe nichts außerhalb des Autos gesehen. Meine Augen waren glasig und starr, so sehr war ich in meiner Innenwelt mit dem Anschauen meiner Gedanken beschäftigt.

In meinem Kopf gab es damals zwei Hauptthemen: „Wie mache ich mich im Job?", gefolgt von: „Wie komme ich bei meinem Chef, meinen Kunden und Kollegen an?" Und dann noch: „Was ist der richtige Weg nach vorne und was muss ich noch alles tun, um dorthin zu kommen?" Zusätzlich habe ich in Gedanken To-do-Listen gewälzt.

Nachdem mein Burn-out diagnostiziert wurde, nahm ich lediglich zwei Wochen frei. In der Zeit danach wechselte ich zweimal meinen Arbeitgeber, weil ich glaubte, dass mein Problem in der

Außenwelt liegt. Wie gesagt, von meinem eigentlichen „Problem im Inneren" hatte ich noch keine Ahnung. So habe ich die Signale, die mir mein System gegeben hat, komplett falsch gedeutet.

Zwei Jahre litt ich an die Folgen dieses Burn-outs. Ich war für meine Verhältnisse mental sehr langsam und konnte mein gewohntes Leistungsniveau nur zur Hälfte erbringen. Ich funktionierte mit großer Mühe und gleichzeitig hielt ich so gut wie möglich meine Schwächen verdeckt. Trotzdem war ich gut in meinem Job.

In dieser Zeit konnte ich nicht so viel denken, da ich schlicht und ergreifend zu benebelt und müde war. Rückblickend sehe ich, dass mein „System Mensch" genau wusste, wie es meine Gedankenwelt entschleunigen konnte. Da war so viel Weisheit in dieser erzwungenen Verlangsamung.

Doch als mein Geist und mein Körper sich auf eine natürliche Art und Weise zu erholen begannen, rutschte ich unbewusst wieder in meine alte Gewohnheit des zu viel Denkens. Ich konnte mein Gedankenkarussell am Abend nach getaner Arbeit oder in der Nacht beim Einschlafen nicht anhalten. Obwohl ich nachts nur sehr schlecht schlafen konnte, wurde ich von der Assistentin des Geschäftsführers meistens als erste Mitarbeiterin des Tages in die Agentur hineingelassen. Als meine Kolleginnen und Kollegen eintrudelten, machte ich meine täglichen Runden und begrüßte sie mit Freundlichkeit und einem sonnigen Gemüt.

Nach außen hin wirkte ich motiviert, engagiert und in Ordnung. Niemand wusste, dass ich mich im Inneren so abgerackert fühlte. So unterschiedlich war mein öffentliches Selbst gegenüber meinem geheimen Selbst.

Ich hätte auch einfach so weiter gemacht und mein Bestes gegeben. Ich war als „verantwortlicher Erwachsener" immer bemüht, gut zu funktionieren. Aber das Schicksal schickte mir ein so einschneidendes Erlebnis, dass ich für einen Moment zum Leben erwachen musste.

Ich saß im Flieger auf dem Weg von München nach Atlanta, nachdem ich einen Anruf von meiner Schwester erhalten hatte. Sie erzählte mir, dass meine Mutter im Krankenhaus im Koma liege, dass sie einen Herzinfarkt erlitten und zu lange gezögert habe, einen Krankenwagen zu rufen.

Damit war mein Leben im Kopf für die nächsten fünf Wochen vorbei. Auf einmal war ich mitten im echten Leben. Meine Familie brauchte mich und ich war präsent und sofort zur Stelle.

Meine über alles geliebte Mutter hat nicht überlebt. Das sage ich dir hier ganz offen vorweg. Aber die vier Tage, die ich mit ihr und meiner Familie im Krankenhaus verbrachte, waren voller Klarheit, Verbundenheit und Liebe. Und weil ich vollkommen präsent war, kam ich in meine höchste Kraft und fühlte einen tiefen inneren Frieden.

In dieser Zeit wusste ich in jedem Moment, was wirklich wichtig ist und was nicht. Denn ich verbrachte keine Minute in meinem Kopf mit Sorgen darüber, wie alles ausgehen könnte. Stattdessen fokussierte ich mich lediglich auf jeden nächsten Schritt.

Ich cremte die Füsse meiner Mutter ein und wischte ihr die Stirn mit einem kalten Lappen. Ich umarmte meine Cousine, der es nicht gut ging. Ich begleitete meinen Onkel zu den Besprechungen mit den Fachärzten. Ich besorgte Sandwiches für die Menschen im Warteraum. Später kümmerte ich mich um meinen kranken Vater, die Trauerfeier, die Sterbeurkunde, all die Versicherungen und tausend andere organisatorische Dinge.

Ich weinte, ich lachte, ich legte mich auch mal hin … und ich fühlte mich das erste Mal seit Jahren wieder lebendig. Trotz des Verlustes und trotz der Trauer in mir.

(Das ist die Kraft beim Präsentsein im gegenwärtigen Moment: Selbst die unangenehmsten Gefühle können gefühlt werden und schwere Situationen sind relativ leicht zu bewältigen.)

Zurück zu Hause in Deutschland kam die depressive Stimmung. Ich konnte morgens nur sehr schwer aufstehen, war oft traurig und überwältigt von meinen Emotionen. Egal, was ich tat oder wohin ich ging, es kam mir vor, als würde ich ohne Haut auf offener Straße herumlaufen. Ich fühlte mich zu 100 % verletzlich. Wenn der Wind wehte, dachte ich, dass er mich verbrennen könnte. Ich war wie eine offene Wunde auf zwei Beinen.

Rückblickend war es sicher ein ganz normaler Trauerprozess, der mich lediglich beängstigte, weil ich dachte, ich würde für immer darin gefangen bleiben. Damals blieb mir gefühlt nicht anderes übrig, als Hilfe zu holen. Meine Hausärztin empfahl mir eine Psychotherapeutin in der Nähe. Ich möchte darüber nicht allzu viel erzählen. Außer dass ich angeleitet wurde, in meine Vergangenheit zu gehen und dort Dinge zu untersuchen – was ich zwar intuitiv gar nicht wollte, aber doch tat. Bis ich am Ende der Therapiezeit das Gefühl hatte, in einem noch tieferen Loch zu sein als zuvor.

Die Therapeutin konnte nichts dafür. Sie tat das, was sie in ihrem Studium gelernt und für hilfreich erachtet hat. Das Herumwühlen in der Vergangenheit und das erneute Öffnen von alten Wunden war bzw. ist noch immer Standardvorgehen.

(Mit meiner Geschichte möchte ich dir eine andere, viel hilfreichere Richtung zeigen. Genau das „Nicht-Wühlen" in unseren Gedanken – egal ob sie die Vergangenheit, Gegenwart oder Zukunft betreffen.)

Die bunten Zeichen meines Schmerzes

Weil ich weiter so viel litt, fuhr ich eines Tages nach München und spazierte in eine Osteopathie-Praxis hinein. In meiner Handtasche, in einer Plastikhülle geschützt, hatte ich das Diagramm eines menschlichen Körpers dabei. Auf ihm verteilt waren farbige Ovale – klein, mittel und groß. Sie kennzeichneten all die Stellen an meinem Körper, an denen ich vor allem nachts schreckliche Schmerzen hatte.

Ein längliches Oval in Kirschrot am linken Oberarm, die

schmerzhafteste Stelle. Ein fast kreisrundes Oval in Eisblau, um die Taubheit aller Finger zu verdeutlichen, deckt die linke Hand ab. Ein kleines Oval in Zartrosa auf der linken Gesichtshälfte, bis zum Nasenflügel. Ein großes Oval in Dunkelviolett auf dem linken Brustkorb, um den Druck und die Angst zu verdeutlichen, und so weiter und so sofort.

Der Osteopath nahm sich viel Zeit für mich und lernte meine Geschichte wirklich kennen. Als er mich endlich nach meinen Symptomen fragte und wissen wollte, was mich zu ihm geführt hatte, zog ich meine bunte Darstellung heraus und präsentierte ihm den gepunkteten Menschenkörper.

(Glaub mir: Es war mir so wichtig, ihm das Diagramm und somit meine Schmerzen zu zeigen. Denn ich fürchtete, dass mit mir wirklich etwas nicht stimmte und ich sterben könnte – obwohl mir die Fachärzte sagten, es seien alles nur psychosomatische Symptome.)

Der liebe Mann schaute sich das Bild erstaunt an und meldete mir sofort zurück, dass er so etwas noch nie von einer Patientin in die Hände bekommen hatte. Er war sichtlich beeindruckt von meiner Präzision und von der Mühe, die ich mir gemacht hatte, um das, was mit mir los war, klar zu kommunizieren.

Für mich waren meine Schmerzen und das mit ihnen einhergehende Leid absolut real. Sie waren für mich fühlbar und ich wollte sie auch sichtbar machen. Das sagte ich ihm. Ich wollte, dass er wirklich begreifen kann, wie sich dieses Unheil in meinem Körper ausgebreitet hatte. Ich wollte, dass er weiß, dass es um meinen physischen Körper geht und nicht um etwas, was in meinem Kopf ist.

(Nun, ich hatte unrecht! Aber ich konnte nichts dafür.)

Acht Monate lang suchte ich den Osteopathen auf, was mir sehr half und mich zu einem großen Teil von meinen physischen Schmerzen befreite. Doch niemals konnte ich ihn davon überzeugen, dass mein Körper das ursprüngliche Problem war. Er sah nämlich viel tiefer, als ich sah, und zwar zum Kern der Sache.

In unserer letzten Sitzung – kurz bevor ich nach Frankfurt

umzog – offenbarte er mir die wahre Ursache meiner vierjährigen Odyssee. Als ich auf der Behandlungsbank lag, sagte er mir liebevoll: *„Frau Stephens, das Problem ist: Sie können Ihr Herz nicht hören."*

Der Wahrheitsgehalt dieser Aussage traf mich wie ein Blitz! Obwohl mein Verstand seine Worte gar nicht begreifen konnte, wusste etwas tief in mir, dass es absolut stimmte. Mich überkam eine Welle der Emotion und ich begann bitterlich zu weinen. Ein befreiendes und heilsames Weinen, das nicht aufhören wollte.

Es vergingen weitere acht Jahre mit vielen weiteren schmerzhaften Momenten, bis mein Kopf aufholte und endlich verstand, was der gute Mann mir sagen wollte ... und etwas Tieferes in mir schon längst wusste. Mit seiner Aussage wollte er mir vermitteln: „Ein Leben im Kopf ist ein Leben in Leid." Und er zeigte gleichzeitig hin zu einem anderen, sehr wichtigen Ort unterhalb unserer menschlichen Gedankenwelt. Er nannte es das Herz – da wo das wahre Leben lebendig in uns schlägt.

Sydney Banks nannte es das Prinzip "Mind", unsere Verbundenheit mit der Lebenskraft. Eine tiefere Intelligenz, die uns innewohnt. Eine Quelle von Wissen für den jetzigen Moment, das uns frei und leicht durch unser Leben führt. Ich nenne das einfach „Leben".

Meine Güte: Ich habe mich krank gedacht!

Erst viele Jahre später habe ich erkannt, dass ich mich immer wieder selbst krank gedacht habe. Absolut unwissend. Ja, total unschuldig. Denn ich wusste es nicht besser, als mindestens 20 Jahre meines Lebens aus dem Kopf heraus zu verbringen. Es brachte mich fast um meine Gesundheit und mein Wohlbefinden.

Heute weiß ich, dass die meisten Menschen ihr Leben aus dem Kopf heraus leben. Als Gesellschaft sind wir darauf stolz. Wir legen großen Wert darauf, logisch, analytisch, geplant, strukturiert, durchdacht und forciert zu sein.

(Wir haben die Kraft der Präsenz und das Leben im Moment vergessen.)

Damals wusste ich einfach nicht, dass alles Leid von der Aufmerksamkeit stammte, die ich meinen Gedanken geschenkt hatte. Und dass meine Schmerzen die Konsequenzen von zu viel sorgenvollem Denken waren. Es waren diese über Stunden, Wochen, Monate und Jahre von mir sehr aufmerksam gepflegten Gedanken, die deutliche Spuren in meinem Körper hinterlassen hatten.

Ich habe mich jedes Mal krank gedacht, wenn ich mir Sorgen über eine anstehende „New Business"-Präsentation machte. Würde mein Chef die Idee kreativ genug und strategisch klug finden? Würde ich unseren Kunden von der Idee überzeugen können, sodass er uns für die Kampagne oder gar den ganzen Etat beauftragen würde? Davon hingen Arbeitsplätze ab! Also glaubte ich, darüber nachdenken zu müssen. Würde es Widerstand oder Kritik geben? Und würde ich in der Lage sein, diesen mit guten Argumenten zu begegnen? Wenn wir den Auftrag gewinnen, was ist dann? Würden wir als Team über Monate Überstunden leisten müssen und alles Schöne im Leben verpassen, weil wir nur noch in der Agentur vor dem Rechner oder in unendlich langen Meetings sitzen – das alles unter Zeit- und Leistungsdruck?

Ich habe mich jedes Mal krank gedacht, wenn ich meine lange Aufgabenliste ansah und mich das blanke Grauen überkam bei der Vorstellung, sie nie fertig abarbeiten zu können. Beim Aufwachen morgens war mein Gedankenkarussell bereits im Hochbetrieb, und das noch bevor ich meine Augen überhaupt geöffnet hatte. Da war täglich schon in der Früh diese Schreckgestalt in mir, die mich davon überzeugte, dass der bevorstehende Tag schwer sein würde.

Viel später dann erlebte ich das ständig sich wiederholende Gefühl in meinem Online-Business, dass ich ein Goldfisch im Haifisch-Becken sei. Da war das Empfinden, dass die Welt da draußen – vor allem in meinem erwählten Beruf – zu hart sei und ich dafür zu weich und sensibel. Meine ganze Aufmerksamkeit war auf diese vielen ängstlichen und sorgenvollen Gedanken in meinem Kopf gerichtet. Sie sahen für mich so echt aus, so relevant und wichtig. Ich dachte, ich müsse dorthin schauen und mich damit beschäftigen.

Gedanken sind wie Wetter am Himmel

Erinnerst du dich noch an die Aussage meines Osteopathen? „Frau Stephens, Sie können Ihr Herz nicht hören." Und weißt du noch, dass mein Verstand die Bedeutung dieser Aussage einfach nicht begreifen konnte? Es sollte anders kommen. Denn Ende 2014 bin ich über die Drei Prinzipien gestolpert.

(Ich hoffe sehr, dass du die Drei Prinzipien auch für dich entdeckst. Denn sie haben mein Leben komplett verändert. Alles hat sich um 180 Grad zum Positiven gedreht.)

Meine damalige Business-Mentorin Nicola Bird führte mich in die Richtung des Verständnisses der Drei Prinzipien. Sie empfahl mir, an einem Seminar mit Dr. George Pransky und seiner Frau Linda teilzunehmen. Es fand in Oslo statt und ich flog prompt dorthin.

George und Linda hielten ein wunderbares Seminar. Und zwar aus einer tiefen inneren Ruhe heraus, die ich noch nie zuvor erlebt hatte. Sie wirkten so klar und weise. Sie sprachen von einem Paradigmenwechsel hinsichtlich der psychologischen und spirituellen Natur des Menschen. Ich konnte zum Glück wirklich präsent sein und hörte sehr aufmerksam zu. Wahrscheinlich weil George und Linda uns am Anfang des Seminars ein anderes Zuhören beibrachten: das Hören aus der Präsenz heraus anstatt mit dem Kopf.

Am ersten Tag sagte George in einem Nebensatz: „Das Stressigste, was wir als Menschen tun können, ist, über uns selbst nachzudenken und uns ständig zu fragen, wie wir uns in der Welt machen." Diese Aussage traf mich wie ein Blitz. Etwas ganz tief in mir konnte die Wahrheit darin erkennen. Ich fühlte die Schwere meiner bislang hoch geschätzten Gedanken auf meinen Schultern, als sei es die Last der ganzen Welt.

Am zweiten Tag des Seminars bat uns George, mit ihm und Linda zu teilen, was wir seit Beginn des Seminars neu für uns gesehen hatten. Ich hob meine Hand und stand auf. Ich erzählte George, dass seine gestrige Aussage in meinem tiefen Inneren Anklang gefunden hatte. Und ich teilte ihm mit, wie schwer es sich bisher für mich angefühlt hatte, so viel über mich und mein Leben nachzudenken. Er nickte wissend, mit großem Mitgefühl und so viel Liebe. Ich spürte, dass auch er früher eine ähnliche Denkgewohnheit erlebt und darunter gelitten hatte.

Als ich zu Hause angekommen war, fing ich NICHT wieder mit meiner alten Gewohnheit an, so viel Zeit im Kopf zu verbringen. Nein. Dieses Mal – wie ein Wunder – begann ich es zu erkennen, sobald mein Verstand mich in ein Gedankenkarussell hineinlocken wollte. Ich wusste dann, dass es keine gute Idee war und nur Stress und Schwere mit sich brachte. Ich sah es endlich ganz klar!

(Ich könnte vor Freude in die Luft springen. Noch immer macht mich diese Erkenntnis so glücklich.)

Ich konnte sehen, welche stressigen Gedanken in meinem Kopf waren. Ich konnte spüren, welche unangenehmen Gefühle damit einhergingen. Ich konnte das Signal richtig deuten: *„Achtung, Shailia, das ist ein Gedankensturm! Bitte vergeude keine Zeit damit, diesem Sturm deine Aufmerksamkeit zu schenken."*

Das Beste war: Ich konnte tatsächlich alle Gedanken und Gefühle für einen Moment einfach aushalten – in dem Bewusstsein, dass es nichts weiter zu tun gibt. Ich hatte die Wahl und ich entschied mich dafür, die Gedanken und Gefühle durch mich hindurch gehen zu lassen.

Gedanken bleiben nie stehen, wie das Wetter am Himmel ziehen sie weiter. Das Wetter deckt den blauen Himmel zwar immer wieder für eine Weile ab, aber es zieht irgendwann weiter. Wir halten schlechtes Wetter einfach aus, bis der Himmel wieder klar wird. Das ist der natürliche Lauf der Dinge. Genauso decken Gedanken unser tiefes Wohlbefinden immer wieder für eine Weile ab, aber sie ziehen ebenfalls irgendwann weiter. Wir dürfen einfach mit unseren stressigen oder sorgenvollen Gedanken sein, bis wir im Inneren wieder klar werden. Das ist der natürliche Lauf der Dinge.

Egal was wir tun würden, um das Wetter am Himmel zu verändern, es wäre vergebliche Liebesmüh. Wir sind nicht die Herren des Himmels. Wenn es regnet, regnet es. Wenn wir denken, denken wir. Wir können nicht wissen, was wir als Nächstes denken, und es gibt nichts zu tun.

Es gibt etwas Mächtigeres als Gedanken in uns

Du hast das alles gelesen und fragst du dich nun vielleicht:

- „Wie schaffe ich es, meine Gedanken in Ruhe zu lassen?"
- „Was ist, wenn es wichtige Informationen in meinen Gedanken gibt, die ich verpassen würde, wenn ich da nicht hinschaue?"
- „Ist das nicht einfach Verdrängen?"
- „Bist du dir sicher, dass meine stressigen und sorgenvollen Gedanken keine Aufmerksamkeit benötigen?"

Ich verstehe deine Fragen so gut. Ich habe lange Zeit geglaubt, dass meine Gedanken lebenswichtige Informationen für mich beinhalten. Das ist auch zu einem gewissen Grad so. Aber wir Menschen können sehr genau spüren und unterscheiden, welche Gedanken für uns hilfreich sind und welche nicht. Du kannst dir und deinem „System Mensch" absolut vertrauen. Enge, Anspannung, Angst, Sorgen, Verwirrung, Überheblichkeit, Arroganz – alle diese Gefühle sind Signale von diesem System. Sie lassen dich wissen, dass sich ein Gedankensturm durch deinen Himmel bewegt. Du musst dort nicht hinsehen. Es gibt dort nichts für dich zu holen.

Doch es gibt einen Ort, wo es immer ruhig ist und wo es etwas für dich zu sehen gibt. Das ist die Quelle, das Leben selbst. Du erinnerst dich: Es ist das, was der Osteopath das

"Herz" nannte und Sydney Banks "Mind". Je weniger interessant deine persönlichen Gedanken werden, desto spannender wird dieser tiefer liegende Ort in dir.

Es ist der Ort in dir, aus dem heraus eine viel leisere Stimme zu dir spricht als dein Gedanken-Dialog im Kopf. Es ist die leise Stimme deines Herzens, die mit der Weisheit des ganzen Universums verbunden ist. Sie flüstert dir zu und gibt dir die allerwichtigsten Hinweise für die nächsten Schritte in deinem wunderbaren Leben.

(Meistens sind es einfache und doch sehr bedeutsame Schritte: Mache eine kurze Pause, öffne die Tür, lasse die Hunde raus, atme einmal tief durch, checke deine Bankbilanz und treffe die Entscheidung.)

Mein Freund, meine Freundin: Kannst du dein Herz hören?

Wenn nicht, dann bist du wahrscheinlich einfach zu lange in deinem Kopf statt im echten Leben unterwegs. Doch du kannst dich jederzeit entscheiden, deine Gedanken vorbeiziehen zu lassen und zurückzukommen in diesen Moment. Dann hörst du dein Herz wieder.

Ist das nicht wunderbar?

Heute höre ich mein Herz wieder, bin komplett schmerzfrei, voller Energie und Lebendigkeit. Ich sehe das Leben als Wunder und brauche sehr wenig, um tiefe Freude zu empfinden.

Alles, was ich in meinem Business tue, mache ich überwiegend aus einem Gefühl der inneren Ruhe und Gelassenheit heraus. Stress fühle ich nur noch sehr, sehr selten. Und wenn ja, dann sehe ich das Gefühl lediglich als Signal meines Systems – es ist freundlich, es ist *für* mich.

Erst mit 40 Jahren habe ich mich wieder in mein Leben verliebt und es hat alles verändert. Es war kein bisschen zu spät. Bald steht das 50. Lebensjubiläum vor der Tür und ich freue mich unglaublich über das, was ich noch sehen werde. Neue Einsichten über das Leben und das Menschsein: Das wünsche ich für mich und für dich.

Herzlichst, *Shailia*

***Shailia Stephens** ist Advanced Transformative Coach, 3P-Mentorin und Ausbilderin für Coaches. Bis zu ihrem 40. Lebensjahr war sie eine fleißige Geschäftsfrau auf der Überholspur in Richtung Erfolg, mit jeder Menge Druck und Stress im Kofferraum. Heute ist sie frei und leicht im eigenen Tempo unterwegs. Shailia liebt es, Menschen die „Drei Prinzipien" näherzubringen – für ein unfassbar gelassenes und genial leichtes Leben.*

http://leichter-leben-lounge.com

Ich dachte immer, mit mir sei etwas falsch

von Andrea Häcki

Vielleicht geht es dir gerade so, wie es mir jahrelang ging. Vor dem Verständnis der Drei Prinzipien hat sich mein Leben ganz anders angefühlt. Es war nicht komplett schlecht, verstehe mich nicht falsch, aber ich habe mich oft traurig, einsam und irgendwie falsch gefühlt. Vor allem fühlte sich mein Leben sehr oft anstrengend an. Ich dachte, dass ich an mir arbeiten muss, mich verändern, damit ich mich nicht mehr schlecht fühle. Ich wollte mein Selbstvertrauen stärken. Das wurde mir auch öfters von anderen bestätigt: In der Schule und später bei unzähligen Therapeuten hieß es, dass ich emotional zu feinfühlig und nicht stark genug sei. Ich müsse daran arbeiten – ja, an mir arbeiten. Ansonsten würde sich für mich nie etwas ändern und ich würde es immer schwer haben.

Natürlich habe ich mich bis in den hintersten Winkel hinterfragt. *Warum bin ich nur so? Warum bin ich so schwach? Falsch? Anders?* Es war für mich unglaublich schwer zu verstehen, warum ich so bin, wie ich bin. Denn ich fand keine Ursache in meiner Vergangenheit, da war keine dramatische Geschichte. Ich bin in einer behüteten Familie aufgewachsen, mit den liebevollsten Eltern und zwei wunderbaren Schwestern. Wir besaßen nicht viel und doch fehlte es uns an nichts. Ich glaube, das waren die schwierigsten Fragen für mich: *Wieso kann ich nicht einfach glücklich sein? Warum bin ich oft so traurig? Warum fühle ich mich so schrecklich allein? Warum kann ich mein Leben nicht einfach genießen?*

In der Schule war ich oft die Ruhige und verdrückte mich lieber in eine Ecke, bevor ich angesprochen werden konnte. Das interpretierten die Lehrer natürlich als ein auffälliges Verhalten. Es sei bedenklich, wenn ein Kind sich nicht einbringe und kaum Anschluss fände in der Klasse. Da stimme etwas nicht, das müsse abgeklärt werden. So war es dann, dass ich schon seit dem Kindergarten immer wieder mal in Behandlung war. Vom schulpsychologischen Dienst über Therapie bis hin zur Kinesiologie und so weiter. Die Liste lässt sich über Jahre fortsetzen. Doch es hat nie etwas langfristig geholfen. Eher im Gegenteil: Ich wurde immer verzweifelter und wusste bald gar nicht mehr, was ich noch tun sollte. Bis ich irgendwann zu dem Schluss kam, dass ich einfach ein kaputter Mensch sei und mit mir etwas nicht stimme.

Im Jahr 2020 hatte ich dann plötzlich das Gefühl, aus meinem damaligen Leben ausbrechen zu müssen. Ich brauchte unbedingt eine Veränderung, wollte raus aus meinem Alltag, raus aus meinem Leben. Ich wollte eine Wanderung in Kalifornien machen, etwas anderes sehen, meine Grenzen finden und mich spüren. Einfach endlich bei mir ankommen und mich wohlfühlen, so wie ich bin. Ich war schon mitten in den Vorbereitungen: Die Wohnung war gekündigt, die Möbel waren in einem Lagercontainer eingestellt. Ich und meine wichtigsten Dinge waren bei meinen Eltern im Gästezimmer eingezogen. Vom Arbeitgeber hatte ich die Chance bekommen, drei Monate unbezahlten Urlaub zu nehmen und danach wieder zurückzukehren. Ich setzte große Hoffnungen auf diese Reise, auf diese Auszeit. Ich spürte diese große Sehnsucht, dort endlich die Lösung für mein Leben zu finden. Es schien für mich der einzige Weg zu sein, obwohl sich meine Gedanken über meine Pläne überstürzten. Panik, Angst, Vorfreude, Abenteuerlust und dann wieder Panik wechselten sich ab. So verging die Zeit und der Abflugtermin rückte immer näher.

Und dann kam Corona und damit waren meine ganzen Pläne durchkreuzt. Zuerst war ich natürlich am Boden zerstört und wusste nicht mehr weiter. *Wieso jetzt? Jetzt, wo ich mich endlich dazu aufgerafft hatte, mein Leben in den Griff zu kriegen und den Sinn meines Lebens zu finden?*

Ein paar Wochen später schickte meine Schwester mir den Link für den Online-Kongress „Mein geheimes Leben – Etwas stimmt mit mir nicht" von Lea Wernli und Shailia Stephens. Ich fühlte mich sofort angesprochen. Der Titel hätte für mich geschrieben sein können. Ich hörte mir die Interviews an und dachte: *Wow, so cool!! Ich bin nicht die Einzige, die denkt, „etwas stimmt mit mir nicht".* Jeden Tag wurden drei neue Interviews mit sympathischen, interessanten Menschen freigeschaltet. Sie erzählten darüber, dass sie etwas vor sich und anderen geheim gehalten hatten. Etwas in ihrem Leben war schwierig oder anstrengend gewesen. Sie erzählten davon – und über ein Verständnis, das ihr Leben veränderte.

Sieben Tage lang schaute ich mir jeden Tag drei Interviews an und hörte diesen Menschen zu. Ich fühlte eine Erleichterung und ein angenehmes Gefühl breitete sich in mir aus. Eines, das ich aber noch nicht beschreiben konnte. Es fühlte sich einfach gut und richtig an. Ich dachte: *Ja, genau und was jetzt? Wie geht das weiter?* Ich wollte mehr wissen und lernen und nahm am Online-Programm „Totally Human" teil. Woche für Woche veränderte sich etwas beim Anschauen der Videos und beim Austausch in der Gruppe. Ich begann zu erkennen, dass ich nicht diese starken Gefühle von tiefer Traurigkeit und Einsamkeit bin. Dass sie einfach durch die Gedanken entstehen, die ich gerade im Moment habe und für wahr halte. Ich begann zu sehen, dass ich im Kern ganz und heil bin und dass ich mein „Zuhause" immer in mir und mit mir herumtrage. Ich muss dafür nicht verreisen und mich auf einer Wanderung abrackern.

Diese Erkenntnisse kamen Schritt für Schritt. Jedes Mal ein bisschen mehr. Mein Leben ist jetzt so viel leichter, lustiger und spannender. Die intensiven Gefühle von früher sind nicht verschwunden, aber sie haben an Schwere und Macht verloren. Denn es macht für mich einen großen Unterschied, ob ich wie vorher diese intensiven Gefühle spüre und glaube, diese Gefühle zu sein (denn ich spüre sie ja so stark, dass ich fürchte, darin unterzugehen). Oder ob ich mir darüber bewusst werde: *Ah, das Gefühl ist da und es wurde von einem Gedanken ausgelöst, den ich gerade hatte. Aber ich bin nicht dieses Gefühl, obwohl ich es gerade fühle. Es geht auch irgendwann wieder weg und ich sehe wieder die Sonne und die Farben des Lebens.*

Auf dieses neue, farbenfrohe Leben wurde ich immer neugieriger. Ich wünschte mir weiterhin Inspiration und Begleitung. Ich spürte, dass mein Weg mit Lea Wernli, Shailia Stephens und diesem neuen Verständnis der Drei Prinzipien noch nicht zu Ende war. Das Einzige, was zu jener Zeit zur Auswahl stand, war ein monatliches Treffen mit Austausch und Inputs – oder die Ausbildung zum Transformative Coach.

Meine Gedanken überschlugen sich. Ich spürte, dass mir ein Treffen im Monat viel zu wenig war. Aber gleich die Ausbildung zum Coach? Da gingen meine Gedanken mit mir durch: *Das kann ich doch nicht! Ich kann doch niemanden coachen, es will mir sicher niemand zuhören und zu sagen habe ich auch nichts!* Diese Gedanken drehten sich in meinem Kopf, sie wurden zu einem ausgewachsenen Gedankensturm. Ich konnte nicht klar sehen, was ich als Nächstes tun sollte.

Doch es war noch ein anderes Gefühl da – eines, das für mich sehr schwierig zu beschreiben ist. Es kommt nicht aus dem Kopf. Es fühlt sich ruhig und klar an. Einfach richtig. Dieses Gefühl, man könnte es auch Intuition oder Bauchgefühl nennen, wurde stärker. Ich wurde regelrecht zu diesem Schritt hingezogen, die Ausbildung zu starten. Nach einem Austausch mit Lea und Shailia und motivierendem Zuspruch der beiden meldete ich mich an.

Zu Beginn war ich immer noch überzeugt, dass ich niemals Coach werden könnte. Dass ich das sowieso nicht hinbekommen würde. Ich machte die Ausbildung also hauptsächlich für mich selbst und um mein Verständnis der Drei Prinzipien zu vertiefen. Doch je länger die Ausbildung dauerte und je mehr Coaching-Übungen ich machte, umso mehr fand ich Gefallen daran, andere Menschen zu coachen.

So gelangte ich zu meiner nächsten Einsicht. Ich schaute zurück auf den Start der Ausbildung neun Monate zuvor. *Wo stand ich damals und wo stehe ich jetzt?*, fragte ich mich. *War ich damals nicht der vollen Überzeugung gewesen, niemals auch nur einen einzigen Menschen coachen zu können? Was war denn in der Zwischenzeit mit mir passiert?* Ja, ich hatte es ausprobiert, obwohl mein Kopf mit meinen ach so überzeugenden Gedanken mir etwas ganz anderes einzureden versucht hatte. Ich hatte keine andere Erklärung dafür: Es war diese leise Stimme gewesen, dieses stimmige Gefühl. Es hatte mich dorthin geführt, wo ich nun war. Ich war überwältigt und berührt. Ich hatte eine solch machtvolle Energie gespürt, die mich Dinge tun ließ, von denen ich nicht einmal geträumt hatte, dass ich sie jemals tun könnte.

Es ist nicht so, dass ich diese Stimme immer und ganz leicht höre oder wahrnehme. Ganz im Gegenteil. Meine Gedanken überstürzen sich bis heute noch sehr oft. Aber ich kann immer mehr darauf vertrauen, dass sie auch dann da ist, wenn ich sie gerade nicht hören kann. Denn diese Stimme kommt bei mir nicht mit Pauken und Trompeten, obwohl ich mir das oft wünsche. Sie ist meist ganz sanft und leise. Doch sie kommt oft mit einem Gefühl. Einem Gefühl, das sich etwas für mich einfach gut und richtig anfühlt, bei dem ich nicht erklären kann, wieso das so ist. Aber das unglaublich Wunderbare ist: Ich muss es gar nicht erklären können. Das berührt mich immer wieder. Da ist diese unglaubliche Energie, aus der wir entstanden sind und die durch uns hindurch fließt. Sie fließt immer, durch dich und durch mich! Auch wenn ich es gerade nicht spüre. Es ist dieselbe Energie, die unser Herz schlagen lässt und unser Blut durch unseren Körper pumpt. Sie ist das Ein- und Ausatmen. Sie ist das Wissen, welches die Vögel im Herbst in den Süden und im Frühling wieder zurückfliegen lässt. Sie ist die wunderbare Lebens-Energie selbst, auch das „Prinzip Universelle Schöpferkraft“ genannt.

Am schönsten finde ich es, wenn ich diese Energie bei mir selber spüren kann. Und am besten geht das, wenn ich ganz präsent im Hier und Jetzt bin. Wenn ich nicht in meinem Kopf die Geschichten meiner Vergangenheit durchwälze oder mir ausmale, wie meine Zukunft aussehen soll. Wenn ich nicht in den Gedanken herumwühle, was ich anders oder besser hätte machen sollen. Wie ich anders hätte sein sollen oder was ich noch alles zu tun habe, damit es mir besser geht. Wenn ich mein Lebensbuch wieder ins Bücherregal stellen kann und ganz im gegenwärtigen Moment ankomme, ohne mich oder die Situation bewerten zu müssen. Dann wird es wieder ruhig und leicht in mir. Ich werde mir wieder bewusst, dass tief in mir alles okay ist. Sogar dann, wenn es sich im Außen nicht ganz so okay anfühlt. Ich weiß dann, dass meinem inneren Kern nichts passieren kann. So kann ich das Leben fühlen und spüren, ja, auch meine Gedanken von Moment zu Moment. Die Lebensenergie kann wieder durch mich durchfließen. Ich kann Dinge tun, die ich mir früher nicht zugetraut hätte. Oft ganz banale Dinge, die aber sehr groß erscheinen, wenn man zu viel mit seinen Gedanken darüber beschäftigt ist.

Mittlerweile habe ich immer mehr Spaß an meinem Leben. Heute rutscht mir viel öfter ganz spontan ein lustiger Spruch über die Lippen oder ich mache mich zum Affen. Einfach weil mir gerade danach ist. Der Gedanke *„Was werden denn die anderen denken?“* kommt viel seltener als früher. Und das macht mein Leben so viel leichter. So kann ich auch viel ruhiger vor einer mir fremden Gruppe von Menschen sprechen, ohne den Drang zu verspüren, dass ich mich unsichtbar machen muss. Ich kann sogar damit okay sein, wenn ich total nervös bin und mein Gesicht rot leuchtet. Es ist einfach eine Erfahrung.

Und genau das wünsche ich mir noch mehr, für mich und für dich: dass wir keine Angst mehr haben vor Erfahrungen. Dass wir einfach im Leben sind und fühlen, was gerade da ist.

Dass wir einfach ausprobieren und schauen, wo es uns gerade hinzieht. Und dass wir dann einfach nur den nächsten Schritt gehen. So wird jeder Schritt ein Schritt näher nach Hause.

Andrea Häcki *hört dir mit offenem Herzen zu. Ihr größter Wunsch ist es, dass Menschen ihr wahres Potenzial sehen und sich gegenseitig respektieren. Wenn sie nicht gerade coacht, ist sie sehr gerne in der Natur unterwegs.*

Du erreichst die Autorin unter der E-Mail-Adresse: andreahaecki.coaching@gmail.com

Von der Panik zu neuen Perspektiven

von Susann Vanessa Ahr

Im Jahr 2009 hatte ich einen Unfall. An einem sonnigen Wintertag war ich einen Moment unachtsam auf der Skipiste und stürzte. Daraus ergab sich, dass ich mich danach nur unter Schmerzen und auch nur sehr langsam bewegen konnte. Ich litt unter der Situation, plötzlich auf Hilfe von anderen angewiesen zu sein, und der Schmerz, der mein ständiger Begleiter war, machte mein Leben unerträglich. Ich wurde ein trauriger Mensch und war ständig damit beschäftigt, meinen Unfall im Kopf neu zu durchlaufen und ihn immer wieder zu erleben. Die Frage nach dem Warum verfolgte mich jeden Tag. Mein geschäftiger Verstand analysierte die Unfallsituation immer wieder, so als ob ich die Zeit zurückdrehen könnte, um jenen Moment zu ändern. Mein Denken, dieser Wirbelwind in meinem Kopf, kreiste ständig um meine Gesundheit. Es war kaum aufzuhalten. Ich gab mir die Schuld an meinem Unfall und glaubte auch, dass ich meiner Familie und Freunden sehr viel Leid angetan hatte, da sie mir schließlich helfen mussten. In diese Geschichte versank ich immer und immer wieder, kramte darin herum, konnte und wollte nicht loslassen.

Mein Leben vor dem Unfall war anders gewesen: Ich hatte studiert, war vielleicht noch etwas ratlos, was meine Zukunft betraf, aber mir ging es gut. Ich war viel mit Freunden unterwegs gewesen, in den Urlaub gefahren und hatte spontan im Freien unter sternenklarem Himmel geschlafen. Nach dem Unfall war ich durch den ständigen Schwindel und die Schmerzen in meiner Spontaneität im alltäglichen Leben eingeschränkt. Selbst ein Einkauf gestaltete sich schon als sehr schwierig, denn ich konnte nicht schwer tragen. Ich zog mich immer mehr zurück.

Ich fiel in Selbstmitleid und hatte häufig Panikattacken, die mich hauptsächlich vor dem Einschlafen überkamen. Dann verlor ich mich in meinen Gedanken: *Was ist, wenn der Schmerz nie wieder aufhört? Was ist, wenn es jetzt immer so bleibt?* Diese quälenden Gedanken mündeten meist in Schweißausbrüchen und Atemnot. Ich dachte häufig, ich würde ersticken, und meine Beine sackten weg. Als ich die Panikattacken erstmals erlebte, war ich ihnen hilflos ausgeliefert. Der Atem wurde kurz, mein Herz raste, mein ganzer Körper zitterte – und als sie nachließen, fühlte ich mich, als ob ich einen Marathon gerannt wäre. Es war unglaublich anstrengend. Es fühlte sich alles furchtbar real an. Ich dachte, indem ich meine Emotionen entweder kontrolliere oder wenn ich es verdränge und allen vorspiele, dass es mir super gut ging, würde ich ihnen entkommen. Weit gefehlt. Irgendwann bekam ich Angst vor der Angst – und wie es der Teufelskreis so wollte, bekam ich selbst Angst davor, abends schlafen zu gehen. Es begann ein Kampf mit mir selbst und ich verurteilte mich täglich für meine Gefühle. Nach Außen hin spielte ich weiterhin vor, dass es mir gut ging. Das war zusätzlich eine Kraftanstrengung, denn ich fühlte mich in Wahrheit ausgelaugt und ständig bedroht. Ich habe mich zerdacht, mein Leben zerdacht. Und dann habe ich mich wie ein kopfloses Huhn in blinden Aktionismus gestürzt, weil ich die schlechten Gefühle loswerden wollte.

Die Verzweiflung ließ mich sehr hart und kritisch mit mir selbst sein. Ich las eine endlose Anzahl an Ratgebern und Selbsthilfebüchern. Ich besuchte viele Kurse, machte verschiedene Therapien und lernte Selbsthilfemethoden. Ich führte ein

Journal, meditierte, visualisierte, stellte meine Ernährung viermal um und verband mich mit der Natur (was immer noch großartig ist, nur dass ich es jetzt aus purem Genuss heraus tue). Damit waren meine Tage ausgefüllt und ich fühlte mich erstmal sicher. Das half mir, den Schmerz zu reduzieren und wieder mehr in meine Mitte zu kommen. Es war gleichzeitig sehr anstrengend, das hohe Pensum an verwendeten Tools aufrechtzuerhalten, hatte ich doch das Gefühl, nur durch deren ständige Anwendung meine fragile Seele durch den Alltag navigieren zu können.

Natürlich spürte ich, dass ich in der Lage war, mir selbst zu helfen, aber eine gewisse Methoden-Erschöpfung brach über mich herein. Es fühlte sich teilweise wie bleierne Schwere an. Dann tat ich eine Weile erstmal gar nichts, um mich zu erholen, und langsam integrierte ich nur noch das, was mir guttat.

Im Laufe der Jahre, vielleicht auch durch die Methoden, änderte sich meine Einstellung zu mir selbst. Das entwickelte sich ganz langsam. Kaum merkbar. Mein körperlicher Zustand wurde erträglicher und gleichzeitig merkte ich auch, wie ich weniger kritisch mir selbst gegenüber wurde. Die Motivation und die Energie, die ich aufwandte, um unbedingt gesund und heil zu werden, ließen nach. Und trotzdem änderte sich etwas in mir. Es war nur ein kleines, subtiles Gefühl, dass ich mich auf einem guten Weg befand.

In einem meiner vielen Kurse fiel der Satz: „Erkenne dich selbst, deine Gedanken ändern sich und dann ändern sich deine Gefühle.“ Mit diesen Worten ging ich total in Resonanz, aber ich erkannte damals noch nicht ihre Bedeutung. Ich erkannte damals nicht, dass sich meine Gedanken geändert hatten und in welchem Zusammenhang das mit meinem Gemütszustand stand.

Meine nennenswerte größere Erkenntnis hatte ich jedoch ausgerechnet während einer Panikattacke: Diese kamen zu jener Zeit gar nicht mehr so häufig und ich wusste mir mittlerweile zu helfen, wenn sie kamen. Ich nahm meine Angst jetzt neugierig an. Ich ließ sie einfach geschehen und beobachtete meine Gedanken, während ich in meinem Paniksturm lag. *Es ist nur ein Gedanke*, ging mir durch den Kopf, *es ist einfach nur ein Gedanke, der mich diese Angst gerade in diesem Moment fühlen lässt.* Dies wurde mir klar und ich wurde ruhiger. Es geschah erstmal nichts, zumindest nichts Angsteinflößendes oder Lebensbedrohliches. Ich sah die Angst von einer Distanz aus, die sie kleiner werden ließ.

Geist, Bewusstsein und *Gedanke* waren alles Begriffe, die ich schon unzählige Male gehört hatte in meinen Kursen. Ich hatte sie ebenso in meinen zahlreichen Ratgebern gelesen. Ich dachte, ich hätte sie *begriffen*, aber ihre tiefere Bedeutung und dass sie universell sind, fühlte ich noch nicht.

In einem Programm namens „Mein geheimes Leben" stolperte ich über Geschichten von Menschen, die mich tief berührten. Sie erzählten, wie es ihnen früher im Leben ging und wie sich durch tiefe Einsichten im Laufe der Zeit ihr Leben verändert hatte. Ich lachte und weinte, als ich mir die Interviews anschaute, und fand mich oft darin wieder. Meine eigene Veränderung ergab plötzlich so viel Sinn: Die untrennbare Verbindung zwischen Gedanken und Gefühlen leuchtete mir ein. Das Bewusstsein darüber, dass ich jeden Moment neu entscheiden kann, welchen Gedanken ich nachhänge und welchen nicht, verstärkte sich. Mir wurde bewusster, welchen Gedanken ich wahrhaftig Glauben geschenkt hatte, die sich später als Illusion herausstellten. Es breitete sich innerer Frieden in mir aus, wenn ich hörte, dass ich vollkommen okay und heil bin und diese unzerstörbare Essenz in mir selbst zu finden ist. Das gab mir Vertrauen in mein Leben – und Demut. Mir wurde klar, dass emotionale Reaktionen wie Angst und Unsicherheit wuchsen, wenn ich ihnen Aufmerksamkeit gab. Ich erkannte die Kettenreaktion in meinem Kopf und erinnerte mich an eine kleine Geschichte über einen Jungen und seinen Großvater. Sie unterhielten sich über den Wolf der Dunkelheit, des Leidens und des

Schmerzes und den Wolf der Hoffnung – und dass der Wolf stärker würde, den man füttere. Man könne jeden Tag neu wählen. So erfasste ich diese Metapher für meine Angst. Nähre ich sie, wächst sie. In dem Moment, in dem ich erkannte, dass meine Gedanken meine Gefühle erzeugten, konnte ich mitfühlender und bewusster mit meinen Ängsten und anderen herausfordernden Gefühlen umgehen. Ich bewertete sie in der Folge nicht mehr und schaute sie einfach nur an. Das Verständnis des Prinzips *Gedanke* führte zu mehr Mitgefühl mir selbst gegenüber, und selbst wenn ich eine Panikattacke bekam, wusste ich, dass sie aus einem Gedanken heraus entstanden war – bewusst oder unbewusst –, und somit entstand emotionale Distanz. Mit jedem weiteren Mal war es leichter für mich, die Emotionen entkoppelt von der Situation zu sehen. Konnte ich meine Ängste einfach nur als emotionale Reaktion wahrnehmen, ohne sie zu bewerten und weiter über sie nachzudenken oder sie weiter zu nähren, indem ich nach dem Wie und Warum und Woher fragte, gingen sie einfach vorüber. Sie verblassten und wurden weniger stark. Seither sehe ich sie aus der Ferne und es wird mir recht schnell klar, dass es nur ein Gedanke ist, der mir in diesem Moment die Illusion der Angst vormacht. Sollte ich hin und wieder in dieses Gedankenkarussell einsteigen und mehrere Fahrten drehen, verurteile ich mich nicht mehr.

Vertraue ich meiner Fähigkeit, mir meiner Gedanken bewusst zu werden, dann lässt mich das Verständnis des Prinzips *Gedanke* meine Innen- und Außenwelt besser verstehen. Ich fühle, dass meine Innenwelt und mein Gemütszustand nicht von meiner Umgebung und bestimmten Situationen abhängig sind.

Ich habe gelernt, dass das Leben eine Reflexion meines Inneren ist: Es zeigt, wie ich Dinge wahrnehme. Beginne ich zu fühlen, was ich fühle, ohne mich in den Emotionen zu verlieren und mich überwältigt zu fühlen, dann nehme ich einfach nur bewusst wahr: „Oh, da stehe ich also gerade“, „Aha, ich fühle mich ängstlich“ und „Aha, ich fühle meine verkrampften Schultern, mein Herz geht schneller, okay, ich muss nichts damit tun". Das ist heute ganz anders als die Reaktion von früher, wo ich in blinden Aktionismus verfiel, um gegen meine Ängste anzukämpfen, was meine Situation nur verschlimmerte. Dieser Kampf gegen mich selbst machte nichts besser – und daran darf ich mich jederzeit erinnern. Überforderung ist mittlerweile für mich ein Zeichen, dass ich mich in einem Zustand befinde, der mir zeigt, dass ich in eine andere Richtung schauen darf. Ich gehe zurück ins bewusste Schauen und dann sehe ich, ob überhaupt etwas zu tun ist. Jetzt sehe ich die Kraft der Präsenz, die Magie eines ruhigen Geistes. Ich bin viel geduldiger und liebevoller mir selbst gegenüber. Ich kaufe mir nicht mehr alle Gedanken ab, die mein Verstand mir auftischt – was für eine Befreiung! Wenn Gedanken auftauchen, erlaube ich mir die Fragen: „Ist das wirklich wahr für mich? Gibt es noch andere Möglichkeiten für mich?" Die emotionale Anhaftung, die ich an meine Angst hatte, ist schwächer geworden, einfach durch Bewusstwerdung. Das schafft Raum für so viele Möglichkeiten. Selbst wenn ich mich heutzutage überwältigt fühle, kann ich in Verbindung mit mir selbst bleiben. Ein tiefes Wissen in mir spürt, dass ich okay und nicht eingeschränkt bin, selbst wenn ich Schmerzen empfinde und mir das Angst macht.

Ich spüre, dass die Essenz in mir die wegweisende Kraft ist und sie mich immer daran erinnert, dass es mehr gibt als meine Gedanken über die Angst. Und allein das Wissen um meine Essenz, die ich nicht unbedingt kognitiv verstehen muss, gibt mir Hoffnung. Manchmal neige ich dazu, dies alles zu vergessen. Das ist menschlich und passiert hin und wieder, aber wir Menschen haben diese unglaubliche Gabe, uns immer wieder zu erinnern und Neues zu erkennen.

Susann Vanessa Ahr *hat einen bunten Lebenslauf. Der rote Faden jedoch ist ihre Faszination fürs Menschsein mit allen Höhen und Tiefen. Sie* *wünscht sich nichts mehr, als Menschen wieder an ihre wahre Natur und die magische Kraft des Lebens zu erinnern. Wenn sie nicht gerade wandert und Wildkräuter bewundert, liest sie ein gutes Buch bei einer Tasse japanischem Tee.*

Du erreichst die Autorin unter der E-Mail-Adresse: susann.ahr.wendt@gmail.com

Hurra, ich funktioniere - aber wo bleibt mein Leben?

von Christa Beckers

Kennst du die Müdigkeit, die sich im Körper ausbreitet, wenn alles nur noch sinnlos erscheint? Wenn jeder Tag zu einem Kampf wird? Die Kinder warten, ich stehe auf. Der Hund muss raus, ich nehme die Leine. Der Partner hat eine Frage zu seinem Geschäft, ich antworte, produziere Ideen, die doch nur liegenbleiben.

Und dann wieder Hoffnung. Fröhlichkeit zieht ein. Wir lachen, wir fühlen uns wohl und geschützt im Kreise der Familie. Die Liebe zu meinem Partner wird wieder spürbar. Ein neuer Auftrag für das Business. Erleichterung. Gewissheit, auf dem richtigen Weg zu sein.

Nur, es bleibt nicht lange so. Es ist ein ständiges Auf und Ab. Der innerliche Kampf, meine Lebensenergie aufrechtzuerhalten, ist anstrengend. Sehr oft habe ich das Gefühl, mich am liebsten verkriechen zu wollen. Ich habe Angst davor, noch einmal in die Situation zu kommen, von vorne anfangen zu müssen.

Und doch, die Ehe zerbricht im Schneckentempo. Ich sehe wie in Zeitlupe zu, wie die Entfernung zwischen uns immer größer wird. Mit der Gewissheit, ich kann es nicht aufhalten, denn ich werde mich und meine Werte nicht verraten.

Dieses Hin und Her zwischen Funktionieren und Aufgeben fühlt sich an wie das Tragen von verschiedenen Masken. Morgens die taffe Frau, die das Business auf- und ausbaut. Nachmittags die begleitende Mutter, oft zwar nur als Taxifahrerin, aber auch als mentale Stütze. Abends die Ehefrau, die geduldig zuhört und aufbaut. Nachts die Geliebte, die alles um sich herum vergisst. Nichts fühlt sich wirklich an, nach mir, nach Christa.

Aber die Lawine rollt unaufhaltsam. Mich klein machen und darunter vergraben lassen geht nicht. Meine Kinder brauchen mich. Sogar sehr. Die Entscheidung, sie noch einmal aus einer vertrauten Umgebung herauszunehmen, ist unendlich schwer für mich. Ich habe bereits meinen vorherigen Partner verlassen und ihnen damit viel zugemutet. Und jetzt wieder?

Ich schaffe es. Das Aussteigen aus der Ehe gibt mir auf der einen Seite zwar Freiraum, auf der anderen Seite aber nicht die erhoffte innerliche Freiheit.

Ich fange an zu suchen. Ich will mich endlich spüren. Es gibt so vieles, was Heilung verspricht. In Büchern, in Therapiesitzungen. Oft scheint die Lösung nah, aber nein, die Leichtigkeit bleibt nicht lange. Immer wieder treten das Drama, das Funktionieren, die erneute Suche in den Vordergrund.

Es sind Puzzleteile da, aber es fügt sich nicht so recht zusammen. Im Gegenteil: Das Tal, in das ich nun falle, ist gefühlt noch tiefer. „Macht nichts", sagt man zu mir. „Es löst sich gerade noch eine Schicht mehr." Ach ja, denke ich, die Heilung funktioniert also nach dem Zwiebelprinzip. Das Thema Trauma holt mich ein – und ich habe endlich eine Erklärung. Nur fühlt sich diese Erklärung noch schwerer an, noch hoffnungsloser. Wie soll ich das hinter mir lassen? Ich bin klüger, aber müde, ohne Lebenslust, ohne Sinn.

Und doch, etwas in mir treibt mich weiter. Aufgeben ist keine Option für mich. Ich spüre einen Sog, ich spüre, dass es Entscheidungen von innen heraus gibt. Und diesen bin ich auch schon gefolgt. Aber mein Verstand erzählt mir, dass ich mir selbst nicht vertrauen darf. Schließlich hat mir mein Leben bis hierhin doch gezeigt, dass ich im Kreis laufe. Immer wieder ende ich an einer Stelle, wo eine Beziehung zerbricht, wo ich voller Wut alles hinwerfe und zu wissen glaube, ein Neuanfang sei die beste Lösung.

Ich bin stolz auf diesen Verstand. Ich sehe ihn als überlebensnotwendigen Teil, als Führung für mein Leben, als Navigation. Ich bin stolz darauf, meine Gedanken kontrollieren zu können – bis das nächste Loch kommt und die Kontrolle sich als Irrtum herausstellt.

Meine Suche bringt mich zu Shailia Stephens und Lea Wernli, und mit ihnen zu den Drei Prinzipien. Und da serviert mir meine innere Intelligenz eine tiefe Einsicht. Die beiden sprachen gerade über das Prinzip „Gedanke". Sie nutzten dabei eine Schneekugel zur Veranschaulichung, was in uns passiert.

Das Schütteln der Kugel läßt die Flocken wirbeln und sie versperren die Sicht auf das, was sich noch im Inneren befindet. Nehme ich die Schneekugel aus der Hand, lasse die Flocken in Ruhe zu Boden sinken, wird sichtbar, welcher Schatz sich im Inneren verbirgt.

Soweit die Theorie. Ich denke, ich habe verstanden. Gedanken versperren uns den Weg zu unserer inneren Intelligenz. Ruhig werden ist die Lösung. Okay.

Schon drängt sich die nächste Frage auf, die ich stellen will: Woran erkenne ich gute Gedanken und wie kann ich sie umsetzen?

Die Frage lag mir auf der Zunge und doch, die Worte kamen nicht aus meinem Mund. Plötzlich war Stille in mir.

Lea schaute mich an und sagte: „Du siehst etwas."

Ja, es war für mich so glasklar, dass das nächste Wort, das ich denken würde, wieder ein Gedanke ist. Auch wenn es ein guter Gedanke ist.

Es war Stille im Raum. Ja, ich sehe, dass alles, was im Kopf passiert, ein Gedanke ist. Dass alles eine Geschichte ist. Dass jeder noch so gut gemeinte Gedanke eine Geschichte sein kann. Alles in mir ist Gedanke. Ob er mich beruhigen will, aufheitern will, vertrösten will, erklären will. All das ist ein Gedanke.

In der Stille, in der Wortlosigkeit liegt die Wahrheit. Wenn das Außen unwichtig ist. Wenn sich natürliche Ruhe in mir ausbreitet. Wenn gleichzeitig eine Weite in und um mich herum spürbar ist. Wenn sich meine Schultern aufrichten. Wenn meine Umgebung klar sichtbar ist. Wenn ein kleines inneres Lächeln mein Gesicht ganz weich werden lässt.

In diesem winzig kleinen, kurzen Augenblick der Stille in mir fühle ich tiefen Frieden und dass alles in mir okay ist.

Das war ein Moment der tiefen Einsicht und die Freude auf Leas und Shailias Gesichtern ist wunderbar. Ja, das ist es: *Jeder Gedanke ist nur ein Gedanke.*

Nach und nach wird mir bewusst, welche Geschichten ich mir selbst erzählt habe in all den Jahren. Über mich, wie ich als Mutter, als Freundin, als Ehefrau handeln sollte. Wie mein Business auszusehen habe. Wie mein Körper sein sollte – ja, ein Kilo zu viel auf der Waage verhagelt mir den ganzen Tag, oder? Wie ich durch Erziehung meine Kinder zu guten Menschen mache. Wie eine perfekte Beziehung für mich aussieht. Und noch viel interessanter: wie ein spirituelles Leben richtig gelebt wird.

Mir wird immer mehr klar, dass ich bereits seit Jahren die Wahrheiten aus dieser Stille jenseits der Gedanken kenne. Dass ich bereits Entscheidungen für mein Leben getroffen habe, die aus der Tiefe heraus entstanden sind.

Meine Entscheidung, eine weitere Beziehung zu beenden, wieder neu anzufangen, war solch ein Schritt. Da hörte ich meiner Wahrheit zu und bin den angstvollen Gedanken nicht auf dem Leim gegangen.

Klar, meine Suche nach Erlösung, Erleuchtung und der Leichtigkeit des Seins war nicht immer dem Pfad der inneren Wahrheit geschuldet. Es war vielmehr Ausdruck meiner Gedankenwelt, in der ich mir erzählte, dass im nächsten verrückten Projekt die Lösung liegen würde.

Ich bin sechs Wochen den Jakobsweg gewandert, damit ich bei mir ankomme. Ich war vier Tage alleine im Wald auf Visionssuche, damit ich weiß, wohin mein Weg weiter geht. Ich habe eine Ausbildung gemacht zum Thema „Emotionen meistern". Um alles wegzuräumen, was meiner inneren Stimme im Weg steht.

Und doch, auch viel Schönes ist passiert.

Ich lebe wieder in einer Beziehung. Ja, sogar in *der* Beziehung, so wie ich es im ganz Innersten erhoffte. Endlich auf Augenhöhe, endlich schauen wir gemeinsam in die gleiche Richtung. Wir können lachen, wenn Emotionen sich bei dem einen oder bei dem anderen ausbreiten.

Ich lebe in einer neuen Gegend, die ich nach und nach erobere. In einer Wohnung, die für mich mit ihren jahrhundertealten Mauern Sicherheit ausstrahlt. In die wir Freunde einladen, die sich in dieser guten Energie wohlfühlen. In der meine Kinder mich besuchen kommen, wenn sie ausruhen wollen.

Immer mit dabei ist unsere Hündin, die in meinem Partner und mir Themen aufdeckt und die uns herausfordert. Mit ihr entwickeln wir uns weiter, mit ihr werden wir zu einem Dreiklang. Und mit ihr werden wir bestimmt mal ein Orchester, wer weiß, wer noch zu uns kommen möchte.

Die Verbindung zu meinen Kindern ist so tief, dass Kopfkonzepte uns nicht mehr stören. Damit meine ich, dass ich als Mutter natürlich ein genaues Bild hatte, wie das Leben meiner Kinder aussehen solle, damit sie glücklich sind. Tja, wer kennt das nicht, dass unsere Kinder andere Vorstellungen für ihr Erwachsenenleben haben … Ich beobachte und begleite meine beiden auf ihren Wegen. Mein Kopfschütteln über ihre Entscheidungen hat aufgehört.

Selbst meine demenzkranke Mutter spürt die Veränderung in mir. Zwischen uns gibt es Momente der Liebe und Weichheit, die ich immer vermisst habe. Auch wenn diese nur über Skype möglich sind.

Ich sehe das lebenslange Bemühen meines Vaters, alles

richtig zu machen. Meine Verurteilung, dass seine Glaubenssätze meinen Weg bestimmt haben, gehört der Vergangenheit an.

Mir hilft, dass ich immer mehr lerne zu unterscheiden, woher meine Gedanken kommen.

Wenn es eng in mir wird, wenn ich so überzeugt bin, dass ich richtig liege, wenn ich glasklar weiß, was für den anderen richtig ist – genau dann gilt es, stehenzubleiben. Durchzuatmen. Und am besten die Klappe zu halten. Denn dann sind da Gedankenstürme, Kopfkonzepte, emotionale Gefühlskreisel.

Wenn es weit ist in mir, wenn ich mich selbst überrasche, wenn etwas Neues in meiner Gedankenwelt auftaucht, dann kommen diese Gedanken aus meiner inneren Wahrheit.

Diese Erkenntnisse sind nicht begleitet von Engelstrompeten oder Erleuchtungsblitzen. Es sind oft kleine Regungen, winzige Ideen. Oder liebevolle und klare Worte oder Sätze, die einfach aus meinem Mund fallen, ohne vorher in meinen Gedanken einen Intelligenzcheck zu durchlaufen.

Zukunft ist etwas, worauf ich mich freue. Das Unbekannte macht mir keine Angst mehr, weil ich die Gewissheit habe, dass nichts in mir falsch ist. Dass ich eine Führung in mir habe, die mich für alles wappnet, was das Leben mir noch zeigt.

Das schönste Gefühl ist, dass ich nicht mehr suche. Ich finde. Meine Suche ist abgelöst durch offene Neugier. Meine Tiefen dauern nicht mehr so lange und werden vor allem immer weniger tief.

Endlich, ich funktioniere nicht mehr. Ich lebe!

***Christa Beckers** ist eine liebevolle Begleiterin. Ihr Motto: Tschüss Anstrengungsmodus – hallo natürlicher Flow! Sie liebt es, Gespräche zu führen und Menschen in ihrer Tiefe kennenzulernen. Ihre ehrliche Neugierde führte sie bereits über den Jakobsweg und auf Visionssuche in die Toskana. Sie* *ist dabei bodenständig geblieben und liebt Ordnung und Übersicht – auch wenn die Möbel in ihrer Wohnung alle paar Monate einen neuen Platz finden.*

www.christabeckers.de

Vollkornbrot mit Avocado

von Virginia Olivia Calonder

Mein Mann und ich wurden mit vier gesunden Kindern beschenkt. Wir waren eine aktive, sportliche und unternehmungslustige Familie. Um mich gebraucht zu fühlen, kamen Hühner und Hasen, Meerschweinchen und schlussendlich noch ein Labrador dazu. Wir hatten außerdem viele Feriengäste, denn unser Haus beherbergte eine Ferienwohnung für sechs Personen. So war ich den lieben langen Tag gefordert und fiel abends erschöpft ins Bett.

Meine Beziehung zu meinem Mann war, so weit ich denken kann, nie ganz einfach oder mit Leichtigkeit erfüllt. Es gab immer wieder Auseinandersetzungen und Konflikte, die ich jedoch gut meistern konnte mit der Liebe zu ihm und mit der Akzeptanz, dass das eben zum Leben dazugehört. Oft ging ich sogar glücklich und zufrieden meinen Weg mit ihm. Unzufriedenheit, Erkältungen, Kopfschmerzen und Stirnhöhlenentzündungen waren ebenfalls stetige Begleiter, mit denen ich umzugehen lernte. Trotzdem sehnte sich meine Seele immer wieder nach Veränderung, nach Zufriedenheit und Vertrauen.

Die erste Therapieform, die wir ausprobierten, war das Familienstellen. Einfach erklärt, übernehmen dabei andere Menschen den Part einer Person, die du gerne fühlen oder energetisch verstehen möchtest. So können sich Glaubenssätze oder

Gefühle zu diesen Gedanken auflösen. Bei mir flossen die Tränen und es fühlte sich richtig und erleichternd an, die Familiensituation meines Mannes und meine eigene besser zu verstehen. Es folgten die systemische Therapie, Kinesiologie, Homöopathie, schamanische Reisen in die Vergangenheit, der Besuch beim Medium mit Seelenrückführung und Paartherapien bei Psychologen.

Meinen inneren Frieden versuchte ich ebenfalls im Yoga zu finden, welches ich schon seit 16 Jahren praktiziere. Ich liebe das Yoga im Studio, am See oder im Park. Ich kann sehr gut abschalten, präsent und entspannt den Yogaübungen folgen, die Atemtechniken üben und meditieren. Es erdet mich sehr und tut mir immer wieder Gutes.

Meine ganze Lebensreise über war ich der Überzeugung, dass ich schwierig sei und an mir arbeiten müsse, weil ich der Auslöser wäre für unsere oder meine Probleme. Ständig suchte ich nach den Gründen dafür, warum ich diese Probleme hatte, und fühlte mich schuldig, wenn es zu Unruhe oder Streit kam. Erwartungen zu erfüllen und selbst Erwartungen zu haben waren Teil dieses Missverständnisses, die zu einer enormen Anstrengung führten.

Ich machte meine Geschichte, meine Prägung verantwortlich. Kam ich doch als Wunschkind zur Welt und wurde ungewollt ein Scheidungskind. Ich musste mich mit den Gefühlen meiner Eltern auseinandersetzen und mit der neuen Frau meines Vaters klarkommen, die ich selten als liebevoll mir gegenüber wahrnehmen konnte. Meine drei Geschwister gaben mir jedoch das Gefühl, eine Familie zu sein. Ich hatte sogar zwei Familien: eine Familie mit meiner Mutter und all meinen Onkeln und Tanten, Cousinen und Cousins. Die andere mit meinem Vater und mit seiner Frau sowie den drei Geschwistern, davon ein Bruder und zwei Schwestern. Neid, Eifersucht und Vergleiche waren die Regel. Es ging, wie man so schön sagt, oft zu und her wie im holzigen Himmel. Emotionsgeladen, Laut, verurteilend und vergleichend.

Heute weiß ich: Im Gefühlskarussell der Großen aufgewachsen, wurde die kleine Virginia zu der fröhlichen Frau, die ich bis heute bin. Dankbar und stolz blicke ich zurück und möchte weitergehen in dem Wissen, dass ich okay und gut bin, wie ich bin. Ich habe alles, was ich brauche, in mir.

Im Jahr 2015 wusste ich das noch nicht, jedoch spürte ich es, und so kam es bald zu meiner ersten Erkenntnis und Klarheit in meinem Leben. War sie leicht und frei wie ein Vogel? Fühlte es sich warm und vertraut an? Nein, aber es fühlte sich richtig an. So richtig, dass ich am 1. November 2015 den Schritt so klar wahrnahm wie noch nie zuvor etwas in meinem Leben. Ich wollte mit meinen Kindern aus dem gemeinsam umgebauten Elternhaus meines Ehemannes ausziehen und mit ihm getrennte Wege gehen.

Es folgte ein Jahr voller Ängste und Sorgen, jedoch immer im Wissen und in der absoluten, zweifelsfreien Klarheit, dass es richtig und wichtig ist für mich und meine Kinder, diesen stimmigen Weg zu gehen, selbst wenn er nicht einfach ist. Ich war innerlich zufrieden, obwohl die Veränderung alles andere als leicht war.

Mein Leben gewann an Qualität, an Leichtigkeit und Kraft. Bis heute fühlt es sich richtig an. Meine erste Einsicht kam damals, ohne dass ich Kenntnisse oder Wissen über die Drei Prinzipien hatte. Denn die Einsichten sind immer da! Die Drei Prinzipien *Geist, Bewusstsein* und *Gedanke* waren auch immer schon da. Sie zeigten und zeigen mir bis heute: Ich war und bin nicht kaputt oder schuld. Ich bin ganz und vollkommen.

Das Leben nach der Trennung ging weiter und es fielen mir immer wieder Bälle zu, die ich auffing und wieder zurückwerfen konnte. Loslassen, zulassen und annehmen. Darum geht es doch, oder?

Was ich heute weiß und vor allem spüre, ist noch mehr davon, ist Magie, ist ein Wunder. Das Wunder der Essenz, der Leichtigkeit des Moments.

Eine zweite große Erkenntnis kam einige Zeit später. Doch

zuerst traf ich meine erste große und für mich wahre Liebe im Februar 2018 morgens um 2 Uhr. Von diesem Moment an erfuhr ich, was Liebe zu einem Mann wirklich bedeutet. Es war leicht und ohne Gedanken darüber, was und wie und wann es wohl wie und wo und was sein könnte, denn es war einfach gut. Wie noch nie in meinem Leben. Es fühlte sich stimmig und leicht an. Die Liebe mit einem Mann. Im Alltag und im Menschsein verbunden.

Doch wie das Menschsein eben so ist, kommen dann doch all die Gefühle ins Spiel, die ich zu diesem Zeitpunkt leider viel zu ernst nahm. Eifersucht und das Gefühl, nicht wahrgenommen und ernstgenommen zu sein. Nicht mehr wichtig zu sein. Zweifel an dieser Beziehung kamen immer wieder auf. Es fühlte sich nach guten, sehr intensiven und wunderschönen zwei Jahren gar nicht mehr so leicht an.

Der Drang nach Veränderung, nach einer Familie mit ihm gemeinsam, nach einem gemeinsamen Haus oder einer gemeinsamen Zukunft war ständig präsent und stand mir und meinem Fluss der Liebe im Weg. Es gab auch in dieser Beziehung Konflikte, die immer schwerer wurden.

Wie es das Schicksal so wollte, fand ich im Mai 2020 per Zufall die Videoserie „Mein geheimes Leben“ und sog die Interviews mit Menschen, die über ihre Erfahrungen mit den Drei Prinzipien berichteten, förmlich in mich hinein. Während der Tage, die ich mit den Geschichten dieser Menschen verbrachte, spürte ich die ersten winzig kleinen Funken in mir. Sie leuchteten immer wieder auf und erloschen wieder – wie ein Streichholz und seine Flamme.

Ich kann mich beispielsweise noch gut daran erinnern, dass ich an den Muttertagen eine starke Erwartungshaltung entwickelt hatte. Hey, ich bin vierfache Mutter, seht ihr das und darf ich mich da auch mal verwöhnen lassen? Dass ich diese Haltung hatte, war eine unter vielen kleinen, ersten Einsichten.

Der Muttertag im Mai 2020 kam wie jedes Jahr und ich war dieses Mal völlig erwartungslos, entspannt und voller Zufriedenheit mit mir. Ein Tag wie jeder andere. Wenn er sich anders anfühlt, sind es nur Gedanken, und wenn auch noch Erwartungen entstehen, dann hat das gar nichts mit mir zu tun, sondern nur mit meinem Karussell im Kopf, meiner Prägung oder wie man dazu auch sagen möchte. Ich wusste dieses Mal: Das sind nur Glaubenssätze zu einem Tag, der irgendwann als Muttertag bezeichnet wurde.

Wir wünschen uns etwas, sehnen es uns herbei – und wird es nicht erfüllt, sind wir enttäuscht. Aber was wenn der Wunsch einfach da sein dürfte – ohne Erwartung, immer in Veränderung und ohne dass er weggehen oder erfüllt werden müsste? Sind ein Muttertagsbrunch oder Geschenke der Kinder wirklich die Bestätigung, dass ich eine gute Mama bin?

Für mich hat das Schenken an Wichtigkeit verloren und mit meinen ersten Einsichten auch der Wert dieser Feiertage, die einfach nur gefeiert werden, weil heute dieser Tag ist. Dabei eignet sich jeder Tag dazu, anderen eine Freude zu bereiten. Und jeder Tag kann dazu da sein, etwas Schönes zu unternehmen. Kommt der Impuls, folge ich ihm, ist er nicht da, lasse ich es sein und mache nichts. Wünsche ich mir etwas, spreche ich es aus.

Mir wurde bewusst, dass ich die Geschenke, gratulierende Menschen und ein Tagesprogramm sehr gerne habe, sie jedoch nichts mit meinem Kern zu tun haben. Die Zufriedenheit und das Vollkommene habe ich bereits in mir. Eine unbeschreibliche Leichtigkeit und eine Zufriedenheit wurde spürbar.

Ich durfte Bekanntschaft machen mit weiteren kleinen Einsichten. Ich begann, die Tage zu nehmen, wie sie kamen. Es fühlte sich toll, fantastisch an … bis ich meinen Partner kaum noch sah und spürte, dass sich eine Veränderung anbahnte, die ich nicht wollte.

Also musste Lea her. Lea ist transformativer Coach und heute meine Mentorin in der Ausbildung. Bei ihr buchte ich ein „Vollbad“, denn ich liebe Baden und könnte ohne Badewanne nicht sein. Ein Vollbad bot mir zwei Tage Coaching mit Lea im

Freien an als Begleitung durch meine Gedankenstürme und schwierigen Situationen.

Auf einer grünen Parkbank im Giessenpark Bad Ragaz wurde mir zum ersten Mal bewusst, wie sich Bewusstsein anfühlt: Ich sitze, ich spüre, mir ist heiß, ich bin aufgeregt und ich atme seit über 40 Jahren jeden Tag, jede Nacht, jede Minute und Sekunde ein und aus. Manchmal schneller, manchmal schwer oder leicht. Die Worte von Lea flossen durch mich wie ein klarer Bergbach und ich konnte fühlen und spüren, wie es leichter wurde. Immer noch in Gedanken und abschweifend, wurde mir bewusst, dass ich *bin* und mir nichts passieren kann. Ich lebe seit 43 Jahren und habe alle Tage gelebt.

Der Satz: „War es wirklich so oder denkst du dir das so?" explodierte in mir und entfachte ein Feuer, das bis heute in mir brodelt, sanft und wild, heiß und lauwarm wird, aber es erlischt nicht mehr. Es ist immer da: dieses Wissen, dass ich mir das so denke. Ich werde mir bewusst, wie es sich hingegen anfühlt, in der Präsenz zu sein, klar und vollkommen in meinem Geist und Bewusstsein, was mir niemand nehmen kann, weil es immer da ist, ganz tief und fest bei mir.

Die Gedankenstürme gibt es immer wieder und ich erkenne sie, möchte sie jedoch nicht weghaben, kämpfe weniger dagegen an. Lasse sie einfach ganz nackt dastehen und halte sie aus in all der Ungeduld und Schwäche, in der ich mich dann befinde.

Eine Schwäche, die sein darf, die Platz hat und die wieder zur Kraft wird, die aufblüht und wie die Raupe zum Schmetterling wird, der aus seinem Kokon heraus will, jedoch geduldig und voller Wunder in der Stille warten darf.

Ich bin und es ist gut, wie es ist. Diese erste Einsicht zu spüren war ein Wunder, eine Macht, die ich als unglaubliche Erfüllung empfand und wie ein Geschenk entgegennahm.

Ich weiß seither, was es bedeutet, wenn ein Gedankensturm tobt. Und dass es im Sturm nichts zu tun gibt. Ich muss an der roten Ampel nicht weiterfahren, sondern darf warten, bis es orange oder grün wird. Diese Erkenntnis war wie eine Transformation und hat mein Leben sehr verändert.

Ja, ich spüre es, ich fühle es. WOW, einfach fantastisch! Wie auf einer Wolke kam ich zu Hause an. Der Umgang mit meinen Kindern und der Alltag waren auf einmal leicht und einfach. Ja, das geht. Und ja, es könnte so einfach sein, wenn da nicht doch noch diese Bälle wären, die das Leben einem zuspielt. Ein ganz besonders schwerer Medizinball prallte gerade mal zwei Tage nach dem Coaching mit Lea auf mich ein.

Mein Partner trennte sich von mir und ich fühlte mich platt, kaputt und zerquetscht. Auf die Umstände möchte ich gar nicht genauer eingehen, ich kann nur so viel sagen: Es war mein härtester Tag, meine härteste Zeit. Die Wörter „gebrochen", „zerrissen" und „ausgehöhlt" können nicht einmal andeuten, wie ich mich fühlte, so schlimm war es.

Ich konnte nicht mehr essen. Trank dafür umso mehr Alkohol und rauchte Zigaretten, dazu packte ich eine Menge Sport. Dazwischen war ich das heulende Elend. „Es ist okay, nicht okay zu sein." Mit diesem Satz und vielen weiteren wundervollen Worten begleitete mich Lea durch diese Trennung. So gelang es mir dann langsam wieder, den Alltag anzugehen und auch die Trauer zuzulassen. Meine Kinder waren zu jener Zeit nach der Trennung bei ihrem Vater in den Ferien und ich war dankbar, dass sie dieses Wrack von Mutter nicht erleben mussten.

So hart und so schwer die darauffolgenden Wochen und Monate auch immer wieder waren, der Schmerz einer Trennung, eines Verlusts, den ich bis heute nicht verstehen muss, ist leicht und klar geworden. Die Gedanken haben an Wichtigkeit verloren.

Die Tränen dürfen fließen und wenn sie nicht mehr fließen, ist es auch okay. Ich kann spüren, wie wundervoll ich geschaffen bin und dass ich alles habe, um Schritt für Schritt weiterzugehen, Tag für Tag. Ich weiß nicht, was das Leben noch bringen wird. Und ich kann dieses Nichtwissen einfach aushalten, den Gedanken im Hamsterrad einen Schalk abgewinnen und spüren, dass ich entweder in einem niedrigen Bewusstsein bin oder voll in der Präsenz, ganz bei mir. Dann spüre ich, ohne zu denken, was es zu tun gibt. Ich folge dem Gefühl der Reinheit, der Essenz des Universellen, ohne zu fragen, ohne darüber zu sprechen oder mich darüber zu beraten. Denn ich weiß es einfach und habe damit alles, was ich brauche.

Es ist natürlich und vollkommen menschlich, dass es dann auch wieder anders kommt, dass Gefühle wie Wut, Angst und Trauer wieder da sind, doch sie sind nicht mehr so groß, so echt, so mächtig.

Plötzlich wieder alleine dazustehen mit vier Teenagern, einem großen Haus, einem Auto, einem Job und sonst? Sonst? Das „Sonst" bin jetzt: ich! Voller Weisheit, Lebensfreude und einer universellen Energie, die in mir fließt, auch wenn es da immer noch Streit oder Frust gibt. Meine Ungeduld immer noch da ist und ich die Tage bis zu einem Ereignis, auf das ich mich so freue, nicht schneller drehen kann.

Ich weiß, dass ich Kopfschmerzen bekomme, wenn ich zu viel gemacht habe, wenn ich zu viel denke, wenn ich eigentlich müde bin und eine Auszeit von den Kindern brauche und von dem Aktionsprogramm, das ich mir immer wieder aufbürde.

Sind meine Wellen im Fluss, kann ich die Schleusen, die Brücken, die Felsen und Strudel gut meistern. Ich sitze in meinem Boot und lasse mich treiben. Ich bin das Flugzeug und werde geflogen. Sobald ich die Kontrolle übernehmen möchte, wird's eng, heiß, streng und mein Körper zeigt mir ganz deutlich: „Hey, Virginia, muss das sein?"

„Ja, es muss", sagt mein Kopf. Der kann das prima! Und ich bin spitze darin, nicht hinzuhören und Vollgas weiter zu radeln, bis ich umfalle.

Das Schnelle und das Tempo kann ich heute jedoch besser entschleunigen. Ich schwimme an Land, trockne mich ab, ziehe mich frisch an und halte inne. Ich weiß, es geht vorbei. Ich habe gelernt, im Sturm nichts zu tun. Dann geht es zurück zu mir und meiner Essenz, und ich kann in die Ruhe finden.

Es gibt Tage, da bin ich super glücklicher Single und dann wieder super glücklich auf einem Date, bin super happy als Mama und als Freundin, Kindergärtnerin oder als angehender Coach. Und es ist völlig okay, wenn es eben mal nicht super happy, sondern „nur“ GUT ist.

Ich habe alles, was ich zum Leben brauche. Diese Einsicht spüre ich, wie ein Glitzer auf meinem Herzen oder ein Stern am Himmel, immer wieder. Ich spüre, was ich kann, was geht und was eben nicht geht. Ich kann meine persönlichen Liebesbriefe lesen, sie öffnen, sie spüren und wissen, was zu tun ist. Liebesbriefe sind Signale von meinem Körper. Briefe wie Kopfschmerzen, Verspannung, Stress, Ungeduld, Müdigkeit oder Unruhe. Zu tun gibt es dann nicht mehr viel, außer zu warten, bis es leichter wird. Warten, bis ich mich wieder besser fühle. Der Liebesbrief ist nur ein Name, so wie auch die Bezeichnung für den Sturm nur ein Name ist. Diese Unruhe in meinem Innern wahrzunehmen bedeutet für mich zu bremsen, zu warten und in die Ruhe zu kommen. So wie das Wetter immer wieder wechselt und verändert, geht auch mein persönlicher Sturm immer wieder vorbei. So wunderbar und magisch nehme ich meinen Körper wahr und komme wieder ins Leben, in den Fluss zurück. In das Leben, für das es wert ist, hier zu sein. Dieses Leben mit meinen Kindern, meinen Freunden und vor allem: mit mir.

Es ist alles da und das Leben trägt mich. Im Wissen, dass ich wissen werde, was ich wissen muss, wenn es soweit ist. Das Leben und meine Präsenz werden es mich wissen und sehen lassen. Ich bin nicht der Pilot, ich bin das Flugzeug. Ohne Plan erlebte ich schon wunderbare Abenteuer. Ein Abenteuer muss nicht ein pinker Donut mit Zuckerguss und Streuseln sein. Nein, das Abenteuer meines Lebens ist Vollkornbrot mit Avocado. Mit Energie und Vitaminen, mit Power und Vertrauen. Mit Leichtigkeit und Glück beim Nichtstun. Zufriedenheit ohne Party. Lächeln, ohne dass es jemand sieht. Zauber ohne Magie. Die Einfachheit der Erkenntnis, die nichts braucht, um gesehen zu werden, denn ich fühle und habe sie bei mir, so wie DU auch!

Virginia Olivia Calonder *ist Mutter von vier Kindern und arbeitet in einer Bergschule. Sie findet Ausgleich im Sport und genießt Auszeiten im Bauwagen am Bergsee. Beim Kiten fliegt sie federleicht durch die Lüfte – und das, obwohl ihr Lieblingstier der Elefant ist.*

Du erreichst die Autorin unter der E-Mail-Adresse: virginia.calonder@bluewin.ch

Finanzielle Freiheit mal anders

von Saskia Savita Schulte

Ich war mal arm. Wirklich arm. Wie eine Kirchenmaus, sagt man. Ich empfand mich aber eher als ein Tofu-Würstchen. Wie ein mickriges Würstchen, in dem noch nicht einmal Fleisch drin ist.

Nach dem Scheitern meiner ersten Selbständigkeit war ich direkt in Hartz IV gelandet. Als übergewichtiger Mensch hatte ich oft Ablehnung erlebt und war meinem Empfinden nach jetzt vollends am unteren Ende der sozialen Hackordnung angekommen. Ohnehin mit schwachem Selbstwertgefühl ausgestattet, fühlte ich mich wie der Abschaum der Menschheit.

Mir ging es jahrelang miserabel. Ich holte zwar weiterhin freiberufliche Aufträge herein, nur um das bisschen Geld, das ich damit verdiente, anschließend mit dem Jobcenter zu verrechnen. Doch ich schaffte den Absprung lange nicht. Ich lebte weiterhin, während ich arbeitete und mir Sorgen machte, von Hartz IV.

Während meiner Jugendjahre und im Studium hingegen hatte ich in völliger Sorglosigkeit gelebt, was Geld anging. Erst danach schlug ich hart auf dem Boden der Realität auf (oder dem, was ich für die Realität hielt): *Das mit dem Geld ist schrecklich,* dachte ich. Und es quälte mich. Es quälte mich furchtbar.

Damals wusste ich nicht, dass meine ‚Realität' gar nicht der

Wirklichkeit entsprach. Ich erlebte ‚meine' Realität. Meine Realität damals war: *Ich muss mich abmühen und es ist nie genug, ich bin nichts wert, wenn ich nicht ein vollwertiges (also Steuern zahlendes) Mitglied der Gesellschaft bin, ich muss mir ständig Sorgen machen, hoffen, bangen und so weiter.*

Ich erinnere mich an den Moment, als ich mir das erste Mal auszurechnen versuchte, wie ich mit den künftig 349 Euro im Monat auskommen sollte. Ich hatte nämlich Hartz IV beantragt, nachdem eine spirituelle Frau mir gesagt hatte, es wäre nicht in Ordnung, weiterhin Geld von meinen Eltern anzunehmen, wo ich doch mein Studium bereits beendet hätte. Und ich solle doch meine Eltern nicht länger in der ‚Schuld' halten, indem ich Geld von ihnen nehme. Ich solle Hartz IV beantragen und Verantwortung für mich übernehmen.

Ich begriff damals nicht, dass ich damit einfach nur einer anderen ‚Realität' als meiner eigenen auf den Leim ging: nämlich der dieser spirituellen Frau. Ihre Realität bestand aus Vorwürfen, die man noch nicht abgelegt hatte, und Verzeihen, das man noch nicht in sein Herz eingelassen hatte. Heute erst sehe ich, wie sehr sie sich vermutlich dafür gehasst hat, dass sie selbst einem Elternteil erst verziehen hatte, nachdem es verstorben war. So geben wir unsere Reue, unseren Unfrieden an andere weiter. Wir tun es in aller Unschuld, weil wir es nicht besser wissen. Die spirituelle Frau hat das Beste getan, was sie tun konnte, aus ihrer begrenzten Sichtweise heraus. Das tun wir alle (und ja, natürlich auch ich).

Mich stürzte es in Selbstzweifel. Ich suchte nach meinen inneren Vorwürfen und ich fand, was ich suchte (die Frau hatte damit sogar recht, die gab es natürlich). Vor allem jedoch stürzte es mich in Armut. Bittere, furchtbarste Armut. Seit diesem Abend, an dem ich lange und panisch herumrechnete, wie ich bloß mit dem bisschen Geld hinkommen sollte, war mein Verhältnis zu Geld gestört.

Das ist nicht die Schuld dieser Frau. Deshalb gibt es auch nichts zu verzeihen. Es zeigt nur, wie ein einziger Gedanke – nämlich mich schuldig zu machen, wenn ich Geld annehme, ohne allzu viel dafür geleistet zu haben – eine leichte und fluffige Welt mit Geld in eine schwere und mühselige verändern kann.

Nicht die Situation. Das Nachdenken darüber.

Ist das nicht erstaunlich?

Geld blieb von nun an ein Thema, das mich belastete, selbst als ich später eine Fortbildung machte und einen Job fand. Ich verdiente weniger als die Supermarktkassiererin gegenüber meiner Arbeitsstelle und es war nicht abzusehen, dass sich das mal ändern könnte. Ich hatte einfach das Falsche studiert. Nun hatte ich zwar einen Job, war im Ansehen der Gesellschaft gestiegen und fühlte mich ein ganz kleines bisschen mehr ‚wert', doch die Aussichten waren nicht gut. Die Firma baute Stellen ab, mein Vertrag hatte sechs Wochen Kündigungsfrist – ich empfand meinen Job nicht als Sicherheit, sondern fühlte mich unsicherer als jemals zuvor.

Also nahm ich noch mal Anlauf und sprang ein zweites Mal in die Selbständigkeit. Ich brauchte eine Perspektive, ich wollte eine lichte, freudvolle Zukunft. Die Zukunft im Angestelltendasein erschien mir wie eine schwarze Wand.

Das ist jetzt sieben Jahre her. Seither zahle ich brav meine Steuer und werde von manchen Leuten nicht mehr schief angeschaut. Doch selbst in Zeiten, in denen es in meinem Business supergut lief, hatte ich das Gefühl, über Treibsand zu laufen. Hinter mir brach immer wieder der Boden weg und ich musste rennen, rennen, rennen. Ich fühlte mich oft überfordert, verausgabte mich, war verwirrt und manchmal auch panisch. In guten Zeiten war es ‚nur' eine unterschwellige Nervosität: *Habe ich noch genug Geld auf dem Konto? Was ist, wenn eine unvorhergesehene Rechnung hereinkommt? Wann ist das Geld wieder weg? Wie kann ich mehr Geld machen, damit etwas übrig bleibt für die schlechten Zeiten?* In schlechten Zeiten war ich oft gestresst und besorgt, doch meist merkte ich es kaum. Weil ich als ‚Alles-selber-Macherin' sofort aktiv wurde und an der Optimierung arbeitete, 1000 Ideen umsetzte und mich dabei auch mal gehörig verzettelte. Doch blinder Aktionismus, so anstrengend er auch sein mochte, erschien mir deutlich angenehmer als Panik. Und er schien mir auch lukrativer. Immerhin tat ich so viel, um Geld zu verdienen, dass zumindest einiges davon klappte. Ich konnte meine eigene Ausbeutung gut vor mir rechtfertigen. Und ich hatte panische Angst davor, nochmals die soziale Leiter hinunterzurutschen.

Mein Körper zog für mich die Notbremse. Mehrmals. Es fing mit einer Art Hexenschuss an, der nicht wegging, über Wochen und Monate. Und das, obwohl es mir doch eigentlich ganz gut ging. Nur … das Stresslevel war immer wieder extrem hoch. Und auch die Zahl der Arbeitsstunden, die ich leistete. Ich machte immer noch etwas extra, senkte meinte Preise und leistete dafür mehr. Es war verrückt – und schleichender unternehmerischer Selbstmord.

Als der nächste Hexenschuss kam und nicht wegging, lebte ich auf Kreta, inmitten eines herrlichen Olivenhains. Ende Januar gab es zwar noch heftige Regengüsse, aber auch saftige Wiesen voller Klee und kleiner, gelber Blümchen. Die buschigen, runden Olivenbäume bauschten sich im Wind auf, und sobald der Regen aufhörte, zwitscherten die Vögel ein munteres Lied. Perfekte Verhältnisse für meine Vorhaben. Ich wollte mehrere Monate bleiben. Arbeiten, genießen, vielleicht noch ein Buch schreiben. Ich kam mit Rückenschmerzen an, nachdem ich die zwei schweren Koffer herumgehievt und -gezogen hatte. Und zwei Wochen später wachte ich morgens auf und konnte mich kaum noch bewegen.

Ich arbeitete weiter, nahm Schmerztabletten, turnte zwischendurch zu Youtube-Videos, die Erleichterung nach einem Hexenschuss versprachen. Es tat sich fast nichts. Nach einer Woche kapitulierte ich und nahm mir endlich eine Woche frei. Ging zur Physiotherapie, ließ mich massieren, gönnte mir Auszeiten. Einen Trip in die wunderschöne Küstenstadt Chania, einen Ausflug zum ältesten Olivenbaum der Welt und in ein legendäres Café mit Ausblick übers Meer. Ich machte Mittagsschläfchen und erlaubte mir, einfach mal abzuhängen. Mein Rücken besserte sich.

Doch jetzt, wo ich nichts mehr tat, um mein Business voranzubringen und Geld zu machen, um meine „verdammten" Rechnungen bezahlen zu können, wurde aus der ständigen, unterschwelligen Nervosität blanke Angst. Ich erlebte eine Panikattacke. Da ich zu diesem Zeitpunkt ohnehin gerade zuhause war und wegen des Rückens nicht sitzen konnte, legte ich mich einfach ins Bett und redete mir gut zu: „Es ist bloß Panik, Saskia. Davon wirst du nicht sterben."

Es tobte und schrie in mir – und nach 20 Minuten war der Spuk vorbei.

Davor also war ich die ganze Zeit weggerannt! War voll blindem Aktionismus vorwärts gestürmt, ohne auch nur kurz innezuhalten. Ohne hinzuspüren, wie es mir wirklich ging. Hatte ständig Erholung von der Arbeit gesucht, statt zu verstehen, dass ich einfach nur aufhören musste, all die Gedanken übers Geld zu glauben, die so viel unterschwellige Angst auslösten.

Ja, davor war ich weggelaufen: vor diesem Gefühl der Angst. Doch ich lernte etwas: Nämlich, dass auch Panik ein Phänomen ist. Sie ist etwas, das vorbeigeht. Eine Form von Gedankenenergie. Wenn ich sie nicht anrühre, zieht die Panik durch mich hindurch und dann ist sie weg. Wie ein Wirbelsturm, der die Luft klärt. Nachdem ich das verstanden hatte, war ich bereit. Bereit für das nächste Mal. Bereit, noch mal Angst zu haben. Bereit, nochmals im Bett zu liegen, die Beine rückenfreundlich gelagert, und eine Angstattacke durch meinen Körper rauschen zu lassen. Warum denn auch nicht? Es passierte ja nicht wirklich etwas Schlimmes. Es ERSCHIEN ja nur so. Mir war das zum Glück in diesem Moment völlig klar. Es war keine reale Bedrohung da. Keine giftige Spinne, kein Raubtier, kein Erdbeben, keine Überflutung. Nichts. Ein ruhiger Nachmittag, draußen zwitscherten die Vögel und die zum Haus gehörenden Katzen hüpften durch den grünen Klee.

Was ist hier die Realität? Die zwitschernden Vögel und die

hüpfenden Katzen? Oder das, was mir die Panik einflüsterte, was ich körperlich und emotional in diesem Moment erlebte? Ist es nicht verrückt, dass wir etwas so völlig anders erleben können als die reale Situation?

Wir erleben, was wir erleben. Doch wir erleben nicht das, was jetzt in diesem Moment da ist. Sonst wäre ich vermutlich mit den Katzen durch den grünen Klee gehüpft und hätte mit den Vögeln gesungen.

Ich wusste glücklicherweise: Wir erleben unsere Gedankenwelt. Seit diesem Abend vor 20 Jahren, als ich über Geld nachzudenken begann, erlebte ich diese sorgenvolle Welt des Geldes. Immer und immer wieder. Auch wenn es in meinem Business gut lief und ich richtig viel verdiente. Es schien nur eine Frage der Zeit, bis ich wieder auf Treibsand rennen würde.

Und jetzt kommt der Knaller. Rückblickend habe ich mal ausgerechnet, wie viel Geld ich als Studentin hatte. Als ich mir keine Gedanken ums Geld machte. Und: Ich verbrauchte kaum etwas, bin oft sogar mit weniger als den 349 Euro ausgekommen, ohne es zu wissen. Ich weiß noch, dass ich an der Uni einen Aushilfsjob hatte und das Geld auf dem Konto immer mehr wurde. Einfach, weil ich nichts brauchte. Ich war ja ‚reich'! Es gab noch keinen Mangel-Gedanken, der meine Welt in Atem hielt.

Heute, wo ich auf Rechnungen von anno dazumal sitze, als ich mich finanziell übernommen hatte, heute, wo es mir immer noch weh tut, wenn ich an all die Fehlentscheidungen denke, die mich wirklich eine Menge gekostet haben – da weiß ich, dass ich mich selbst immer wieder über Treibsand habe laufen lassen. Ich war das Geld so schnell los, weil es nicht in mein Weltbild passte. Es war also ein GEDANKE, der mein Leid auslöste, nicht das Geld.

Ein Gedanke, das Nachdenken an sich – nicht das Geld.

Muss ich nun diesen Gedanken ändern? Nun, jeder, der Mindset-Coaching oder Ähnliches macht, wird mir sicher dazu raten, doch bitteschön meinen Glaubenssatz zu verändern. Vielleicht einen neuen Satz zu installieren, oder was weiß ich. Versuchen, mich reich zu fühlen oder innerlich die Frequenz von Gold zu inhalieren.

Doch für mich ist klar: Ich muss diesen Gedanken nicht extra verändern. Das Schöne ist, dass ich nichts damit tun muss. Ich muss eine Fata Morgana nicht in schöneren Farben anmalen. Und nichts anderes ist meine Gedankenwelt des Geldes: eine Luftspiegelung. Die durch meinen Körper und Geist gerutscht ist. Und ich habe sie für real gehalten. Habe versucht, sie zu verändern. Immer und immer wieder. Selbst in den richtig guten Zeiten meines Business war ich wie die Kirchenmaus, die sich mit dem harten Brotkrumen in ihr kleines Mauseloch zurückzieht und viel Kraft aufwendet, um am Leben zu knabbern. Ich war das labbrige, arme Würstchen, das versuchte, eine Knackwurst zu sein.

Doch eigentlich war ich einfach nur ein Mensch, der tut, was wir alle tun: Ich glaubte meinen Gedanken und Gefühlen.

Und die Lösung für all das war nur einen Gedanken weit entfernt.

Hier sitze ich nun, vor meiner Fata Morgana, und bin dankbar. Dankbar, diesen Text verfasst zu haben, der mir noch einmal mehr Klarheit brachte. Der mir die Fata Morgana noch einmal deutlich vor Augen führte – und mich schreibend an den Moment erinnern ließ, als ich zu glauben begonnen hatte, dass es falsch sei, einfach Geld zu nehmen, ohne etwas dafür zu leisten. Als ich glaubte, mich schuldig zu machen, wenn ich einfach Geld erhalte, ohne mich komplett zu verausgaben.

Vielleicht geht es dir wie mir: Schon früh lernte ich, dass Gedanken die wirkliche Welt sind. Und nicht dieser jetzige, wunderschöne Moment. In dem es still ist. Selbst wenn die Vögel zwitschern und die Katzen maunzen und die Tastatur klappert, ist es still. Es ist herrlich. Die Welt leuchtet. Sogar wenn die Sonne hinter den Wolken verschwindet, ist dieses Leuchten da. Es ist sichtbar, sobald wir aus unserer Gedankenwelt herausplumpsen wie eine Olive vom Zweig, wenn sie reif ist.

Egal, welcher Gedanke oder welches Gefühl da ist: Wenn wir einfach herausplumpsen, statt weiter zu analysieren oder daran zu arbeiten, sind wir sofort frei. Da sind wir nun und schauen diese Gedanken und Gefühle an. Ahhhhh, macht es. Ahhhhhh ...

Dafür müssen wir nicht erst wieder etwas ‚geschafft' haben, wie zum Beispiel den Glaubenssatz umzuarbeiten. Ich hatte alles Mögliche getan, wie so viele andere Menschen auch. Versucht, mein Business zu verändern, mich anders zu positionieren, die Energie von Geld anzuziehen, das Empfangen von Geld zu üben, nach Geld zu fragen, meine Ansichten über Geld zu klären, Vergangenes loszulassen, meine Beziehung zu Geld zu optimieren, mein Business zu verändern und zu verändern und zu verändern ... Doch es änderte nicht, dass ich immer wieder über Treibsand zu laufen schien, es änderte nichts an dieser unterschwelligen Nervosität, an der Angst. All das begann an diesem Abend vor circa 20 Jahren, als ich das erste Mal über Geld nachzudenken begann.

Ist das nicht ein Phänomen? Dass Gedanken so viel Macht haben, bis sie entlarvt werden als der wirkliche Auslöser des Leidens? Und dann haben sie gar keine Macht mehr. Finanzielle Freiheit ist in dieser Hinsicht wahrlich nur einen Gedanken entfernt.

Heute spüre ich immer mal wieder diese Zusammenballungen von Gedanken und Gefühlen, sobald ich irgendetwas davon ernst nehme. Ich merke dann: *Aha. Jetzt ist es Zeit, die Aufmerksamkeit von den Inhalten der Gedanken und Gefühle wegzunehmen.* Stattdessen wahrzunehmen, **dass** sie da sind. In dem Moment stecke ich nicht mehr drin. Sondern sehe von außen zu. Ich bin von einem Moment auf den anderen völlig losgelöst.

Das ist Freiheit.

Ich lausche jetzt mehr den Impulsen aus meinem Inneren

statt meinem Kopf. Mein Kopf mag es offenbar, mit dem Geld herumzurechnen. Ich habe es ihm angewöhnt – und vielleicht braucht es noch eine Weile, bis das Herumrechnen ganz aufhört. Es rechnet aber nicht mehr so häufig. Und wenn es rechnet, weiß ich ja, dass ich nichts davon glauben muss.

Letztens wachte ich morgens auf und ein Strom von Wohlbefinden rauschte durch meinen Körper, zusammen mit Impulsen, was ich als Nächstes in meinem Business tun könnte. Es war warm, weich und wunderbar. Eine sehr schöne Erfahrung. Es war, als fügten sich die Puzzleteile zusammen, nach denen ich schon eine Weile im Kopf gesucht hatte, aber die ich dort nie finden würde.

Es kam aus einer anderen Welt. Aus der Welt der Weisheit, der schöpferischen Kraft. Ein Strömen an Inspiration. Ein Wegweiser voller Wohlbefinden.

Was brauche ich mehr als die folgenden zwei Anhaltspunkte, um weiter vorwärts zu gehen?

1. Den Gedanken und Gefühlen nicht mehr vertrauen, da sie mit der Realität nichts zu tun haben, sondern immer aus der Vergangenheit kommen und antrainiert sind.
2. Dem Strom der Inspiration vertrauen, der durch mich fließen kann, wenn der Geist ruhig ist – es sind zwar auch Gedanken begleitet von Gefühlen, doch sie kommen nicht aus dem Alten, Antrainierten, sie haben eine andere Qualität: Sie fühlen sich frisch an oder klar oder wohlig.

Und das liebe Geld? Na, es wird sich einfinden. Wie immer. Sorgen helfen mir nicht dabei, es zu bekommen. Gedankenschleifen machen mich nicht produktiver. Angst lähmt. All das zu erkennen, macht mich frei, Geld als etwas Neutrales zu sehen. Etwas, das Teil meines Lebens ist, aber mich nicht mehr beherrscht. Meine Preise habe ich für manche Produkte trotzdem erhöht. Weil ich jetzt auch dann Geld annehmen darf, wenn ich mich nicht halbtot arbeite.

Ich bin aus dem Schatten meiner Gedankenwelt des Geldes herausgetreten. Jetzt kann ich von außen drauf schauen. Wie alle Wolken dieser Welt sind auch die Gedankenwolken in Bewegung. Ich muss nichts dafür tun, dass sie vom Wind des Bewusstseins vorbei getrieben werden.

Und du? Du musst auch nichts dafür tun!

***Saskia Savita Schulte** liebt es, kreativ zu sein. Sie schreibt Bücher, kreiert Mitmachkurse und inspiriert Menschen auf Facebook und Instagram. Den Winter über findet man sie Katzen kraulend auf ihrer Lieblingsinsel Kreta.*

masterspass.com

Ausdrücklich leben

von Elisabeth Löffelad

Ich erinnere mich noch ganz genau. Es war das Jahr 2019 – ein Jahr voller Turbulenzen. Es war das Jahr, in dem ich erkannte, dass meine Festanstellung, so viel Freiheit sie mir auch brachte, nicht mehr lange für mich funktionieren wird. Ich war unglücklich und es nervte mich schon morgens, diese Arbeit zu beginnen. Eigentlich hatte ich alle Möglichkeiten der Welt, so sagten mir andere zumindest immer, und doch war ich unzufrieden. Tief in mir wünschte ich mir, endlich mein ortsunabhängiges Coaching-Business zu starten und mein eigener Chef zu sein. Ich wollte die Welt entdecken und nur noch Dinge tun, die mir Freude machen. Ist doch das Leben viel zu schade, um es einem anderen Chef zu schenken. Regelmäßig ertappte ich mich jedoch in Gedankenschleifen wie: „Fehlt mir doch der Mut?" War ich doch bei allem anderen immer so mutig. „Bin ich noch nicht soweit?" Aber es gingen schon einige Jahre ins Land. „Habe ich genug Geduld dafür?", „Wofür brauche ich überhaupt viel Geld?" und „Warum schaffen es andere und ich nicht?"

Dann wieder hatte ich impulsive Momente, in denen ich dachte, ich könne Bäume ausreißen. Voller Tatendrang schritt ich voran und stolperte unüberlegt von der einen in die andere Falle. In Nachtschichten dokterte ich an Webseiten herum und verzweifelte am Ende wieder daran. Abrupt flog ich in ein anderes Land, um dort Inhalte zu schreiben, die bis heute nie die Öffentlichkeit gesehen haben. Ich rannte von einem Event zum nächsten, in der Hoffnung, Lösungen zu finden. Ich las Bücher oder zumindest hatte ich viele Bücher, und gelesen … na ja, habe ich immerhin einige Seiten davon. Ich hörte, es lohne sich mehr zu meditieren, morgens und abends in ein Journal zu schreiben, das Essen zu zelebrieren, sich fortzubilden, sich mit Mastermindgruppen zu treffen und was noch alles mehr. Immer auf der Suche nach der Lösung – und doch half nichts wirklich lange. Das, was in jener Zeit in mir vorging, würde mehrere Seiten füllen. Damit will ich dich heute aber nicht langweilen. Die Kernessenz ist, dass ich alles andere als zufrieden war.

Und wie es nicht anders sein kann, schlug sich diese andauernd unterschwellig bebende Frustration nicht nur auf meine Gesundheit nieder, sondern es litt auch meine romantische Paarbeziehung sehr darunter. Häufig schwamm ich in Zweifeln, ob vielleicht die Beziehung schuld an meiner Unzufriedenheit sei. Warum das natürlich alles völliger Blödsinn war, verrate ich dir später.

Vielleicht spürst du es nun schon beim Lesen: Das, was in mir vorging, war geprägt von extremen Emotionen. Es war ein Auf und Ab und Hin und Her. Manchmal hatte ich das Gefühl, ich würde mich im Schleudergang einer Waschmaschine befinden. Das Ende von diesem Lied war, dass ich mich von meinem Partner getrennt, alle meine Sachen verkauft und eingelagert sowie mein Auto beladen hatte und zunächst optimistisch ganz alleine in die große, weite Welt aufbrach. „Wow, mutig!", hörte ich überall Beifall klatschen. War es das wirklich? Die Reaktion meines Körpers zeigte mir etwas anderes als das. Wenige Tage darauf erlebte ich nämlich zum ersten Mal und dann direkt viermal hintereinander, wie es sich anfühlt, in einer Panikattacke zu stecken und nicht mehr zu wissen, ob diese jemals enden wird. Es war einfach zu viel von allem. Wie ein Magnet zog es mich zurück nach Essen, dorthin, wo ich bis zuvor mit meinem Partner gelebt hatte. Vielleicht war es ja doch nicht die Partnerschaft, die mich so unzufrieden gemacht hatte? Das wollte ich jetzt endlich herausfinden. Ich hatte die Faxen dicke. „Was soll das denn für ein Leben sein?" 28 Jahre war ich jung und schon so verbittert. So hatte ich mir mein Leben absolut nicht vorgestellt.

Also suchte ich weiter nach einer Lösung und fand Lea. Wir kannten uns zu diesem Zeitpunkt schon einige Zeit aus unserer gemeinsamen ganzheitlichen Coachingausbildung, jedoch war der Kontakt eher sporadisch. Sie kam mir plötzlich wieder in den Sinn, weil ich wusste, dass sie schon einige Zeit als Coachin aktiv war, und weil ich ihre ruhige, unaufgeregte Art einfach sehr liebe. Ich wollte also gerne mit ihr über diese Themen sprechen. Sehr schnell reagierte sie auf meine Bitte und berichtete davon, dass sie etwas Neues entdeckt hatte. Sie fragte mich, ob ich Lust hätte, dies auch zu erfahren. „Natürlich!" rief es in mir. Vielleicht kennt sie endlich die Lösung für mich? Das war zumindest meine große Hoffnung.

Erneut fasste ich all meine Kräfte zusammen und ließ mich auf ein dreitägiges Intensiv-Coaching mit ihr ein. Schon in der Zeit bis dahin erzählte mir Lea in einer unglaublich magischen Art von diesem besonderen Phänomen namens Leben. Es soll da etwas geben, was nicht wir sind. Manche Dinge klangen konfus und doch passierte in mir irgendwas. Was das war, konnte ich noch nicht greifen. Aber es wurde so viel ruhiger in mir. Während des Coachings unterhielten wir uns über die Wirkmechanismen in uns und wie das mit unseren Gedanken und Gefühlen überhaupt vonstattengeht. Immer noch waren es Aussagen, die ich kognitiv nicht ganz greifen konnte, doch meine Welt wurde immer heller.

Zwischen den Sessions war es meine Aufgabe, den schönsten Tag zu kreieren und nur das zu machen, worauf ich wirklich Lust hatte. Gesagt, getan. Ich tat nichts. Lange Spaziergänge waren meist an der Tagesordnung, viel Schlaf und

Momente, in denen ich regungslos am Boden lag und an die Decke starrte.

In den Coachingsessions lag ich manchmal auf der Couch, lauschte Leas Worten und konnte nicht glauben, wie groß die Welt um mich herum auf einmal wurde. Es fühlte sich so an, als würde ich neu geboren und mit allen Sinnen entdecken, was diese bunte Welt zu bieten hat.

Überall begann ich plötzlich neue Dinge zu sehen. Auf meiner immer gleichen Wanderroute stand auf einmal ein uraltes Windrad. Ich fragte mich, ob wohl ein Landschaftsgärtner ganz neu diese großen Bäume vors Haus gepflanzt hatte. Warum schmeckte mein Smoothie auf einmal so intensiv und lecker? Auf einen Schlag konnte ich fidel aus dem Bett hüpfen, weil sich mein Rücken nicht mehr starr wie ein Stein, sondern elastisch und flexibel bewegen ließ. Meine Stirnesfalte ebnete sich und es schrieben mir plötzlich Menschen aus dem heiteren Himmel, von denen ich jahrelang nichts gehört habe. Es geschah zu viel Magie auf einmal, um dies direkt greifen zu können.

Und wie hätte es nicht schöner kommen können: Die Beziehung zu meinem Expartner heilte und wir begegneten uns auf einer neuen, viel tieferen Ebene, um gemeinsam in eine nächste Runde Leben zu starten.

Ich verabschiedete mich von meinem Arbeitsplatz und gründete mein eigenes Business, von dem ich dann direkt vom zweiten Monat an leben konnte. Es machte mir wieder Freude, das Leben zu genießen und meine vorher eifrig zelebrierte dreistündige Morgenroutine durfte, aber musste nicht mehr sein. Deshalb ließ ich sie erst einmal gehen.

Du fragst dich jetzt bestimmt, welche Wunderpille Lea mir hier gab. Auch ich frage mich das immer wieder. Wenige Wochen, nachdem ich diese Aufwachmomente erlebt hatte, wollte ich noch mal neugierig hinschauen, was genau dahinter steckte. Es war einfach zu leicht und schön, als dass es schon die Lösung sein könnte. Immer mehr – und in Babyschritten –

erkannte ich, was immer wieder in uns geschieht. In ganz ruhigen Momenten sah ich meine Gedanken plötzlich in Aktion und einen kleinen Sturm heraufziehen. Die einzige Regel, die ich aus dem Coaching mitgenommen hatte, war: „Im Sturm gibt es nichts zu tun." Gesagt, getan. Ich probierte mich weiter aus und erkannte jedes Mal aufs Neue, wie unfassbar schnell unsere Gedanken manchmal davonrasen, häufig auf dem altbekannten Weg. Und zurück kamen Emotionen, die mich wie ein Bumerang erschlugen. Doch dass dies nie tatsächlich ein Stück Plastik oder Holz ist, das mich hier so hart erwischte, wurde mir erst nach und nach so richtig bewusst. Es waren eigentlich nur Gedanken, die ich über mein Bewusstsein in Form von lauten Gefühlen und Emotionen erlebte.

Ich machte mir ein Spiel daraus. Immer wenn diese altbekannten, unangenehmen Gefühle um die Ecke kamen, erinnerte ich mich an das Bild, wie aus einem Gedanken und vielen weiteren ein dichter Sturm entsteht, der sich anfühlt, als würde eine dunkle Wolke auf uns niederdrücken. Doch in Wahrheit löst sich diese Wolke im nächsten Moment wieder auf, da wir gar nicht nicht denken können. Normalerweise kommt da immer ein neuer und frischer Gedanke hinterher, der uns den Weg leitet, uns gesunde Zeichen gibt, Hinweise, was es zu tun oder zu lassen gibt, und neue Ideen, die das Leben schöner machen. Doch wir hängen uns auch gerne an Gedanken auf, die wir in Dauerschleife durchdenken und daran festhalten. Die neuen Gedanken halten wir auf und es entsteht Stau. Es entsteht ein dichtes, vernebeltes Feld vor uns und wir sehen nicht mehr klar. Erkennen wir jedoch, dass wir unsere Gedanken nur erleben, anstatt dass wir uns einbilden, wir würden aus diesen Gedanken bestehen, dann erleben wir ein leichteres, vielfältigeres Leben. Denn wir müssen uns nicht mehr anstrengen, um krampfhaft an einer Identität festzuhalten, die aus Gedanken gestrickt ist. Wir können vielmehr anerkennen, dass da gerade ein Sturm ist, und uns erinnern, woher dieser kommt – und dann darf wieder etwas Neues kommen.

Das Leben ist und bleibt bunt. Mir ist wichtig zu betonen, dass es hier nicht darum geht, nur noch glänzend, strahlend und dauergrinsend durch das Leben zu stiefeln, als wären wir ständig auf Drogen. Es geht darum, zu erkennen, dass wir all diese Gedanken nicht *sind*, sondern wir sie durch unser geniales Bewusstsein *erleben*. Wir erleben und spüren dies emotional und körperlich.

Mit dieser sich vertiefenden Erkenntnis tanzte ich weiter durchs Leben, mal humpelnd und mal schwebend. Das Leben machte wieder Freude, die Liebesbeziehung erfuhr eine neue Tiefe und eine starke Verbundenheit – und auch der berufliche Erfolg flog mir in die Hände, denn ich stand mir immer weniger selbst im Weg.

Und doch möchte ich gerne von einer weiteren Erfahrung berichten, weil es mir wichtig ist zu sagen, dass auch Zeit eine Illusion der Gedanken ist. Ein Sturm kann, selbst nach dieser Erkenntnis, mehr als nur wenige Tage andauern. Doch was dann trotzdem anders ist, möchte ich dir gerne mit dieser Erfahrung veranschaulichen.

Im März 2021 entschieden wir uns als Paar, nachdem mein Partner nach vielen Jahren des Kampfes seinen Job loslassen wollte, auf eine neue gemeinsame Reise zu gehen. Wir wollten uns frei machen von Konsum und Abhängigkeiten. Gemeinsam wollten wir uns diesen Traum erfüllen und in die Welt hinaus ziehen.

Es war nicht das erste Mal in meinem Leben, dass ich mein gesamtes Hab und Gut auflöste und mich zu einem neuen Abenteuer aufmachte. So steuerte ich mich durch einige Monate der Ablösung und durch viele Verabschiedungen, in denen mir immer wieder der Nebel vor Augen stand und ich nichts anderes als nur Sturm in mir erlebte. Dennoch war es mir möglich, einen Schritt nach dem anderen weiterzugehen. Denn ich spürte immer wieder den Satz: „Im Sturm gibt es nichts zu tun.“ Im nächsten Moment ging es dann oft schon mit mehr Klarheit weiter.

Schließlich waren die letzten Sachen gepackt. Oder besser gesagt, wir hatten mit Kabel- und Gummibindern noch die letzten Teile zwischen den Vordersitzen befestigt. Mein Partner musste noch seinen Fußraum zum Verstauen nutzen und ich rettete mich auf den Fahrersitz, der selbstverständlich frei geblieben war. Dann ging es endlich los. Oben auf dem Dach brummte unser Dachzelt und ich beobachtete gespannt, ob unsere neue Fahrradkonstruktion hinter dem Kofferraum hielt. Einige Stunden später waren wir bei meiner Familie angekommen, pünktlich vor den ersten Schneeflocken. Hier war der Wunsch groß, endlich zu entschleunigen und zu genießen, bevor es dann auf in die weite Welt oder zumindest erst einmal in Richtung Spanien gehen sollte.

Doch es kam anders und die Ereignisse überschlugen sich in Windeseile. Zuerst erfuhren wir, dass ich schwanger bin. Allein schon deshalb drehten sich die hormonell ausgelösten Gedankenspiralen etwas schneller als sonst. Für meine Mitmenschen war das ebenfalls sehr aufregend. So wurden nicht nur meine Stürme stärker, sondern auch die meiner Familie, bei der wir uns einige Wochen aufhielten.

Obendrein hatten wir uns einen Tag vor Abreise in Richtung Spanien mit Covid infiziert und lagen damit mehrere Wochen flach. Und nicht zu vergessen, ich führte bis dahin mein Business noch alleine. Nicht nur wegen dem finanziellen Fluss, auch für meine Kundinnen fühlte ich eine Verantwortung, die sich schwer anfühlte.

So kam es, wie es kommen musste: Ich spürte, wie sich in mir eine immer dunkler werdende, dicke, undurchdringbare Wolke auftat, durch die ich nicht mehr hindurchblicken konnte. Kein Sonnenschein in Sicht, keine Klärung in Sicht. Die Wolke drückte mich Tag für Tag weiter auf den Boden.

Da lag ich nun, krank und bedrückt, und fragte mich: „Wo bleiben bitteschön diese Erkenntnisse und diese Klarheit, die ich doch mittlerweile so gewohnt bin?“ War das alles nur ein Bluff gewesen? Die Gedanken überschlugen sich und die Tränen kullerten täglich mehrfach meine Wangen hinab. Immerhin erinnerte ich mich nach einigen Tagen des Trübsalblasens wieder kognitiv daran, dass es da doch eigentlich diese Wunderpille gibt, die ja in Wirklichkeit keine Pille ist. Sondern diese wundervolle und leise Stimme ins uns, unsere innere Weisheit, die manchmal nur in uns vergraben scheint, in Wahrheit jedoch immer für uns da ist.

So kam immer mehr die tiefe Erkenntnis zurück. Durch angestrengte Versuche wäre dies wohl nie passiert, jedoch zeigten sich die Erinnerungen an all das, was immer in uns ist, in kleinen Momenten des Loslassens. Diese Momente waren unspektakulär und gleichzeitig so besonders. Es waren Momente des Alltags, wie beim Zähneputzen oder während eines Vollbades. Manchmal passierte es auch beim Essen oder kurz vor dem Einschlafen. Es kamen plötzlich aus dem Nichts die Signale meiner inneren Stimme. Ganz leise und sanft meldete sie sich und ich konnte sie wieder hören. Noch ganz ruhig und leise, aber zwischen den Tornado-Stürmen war da etwas. Eine frische Stimme, die so neu und zugleich schon sehr vertraut war. Diese Stimme leitete mich in kleinen Schritten durch den Alltag und gab mir Zeichen, wenn ich unklar über den nächsten Schritt war. Wie mit einem inneren Kompass wurde ich geführt und dorthin geleitet, wo es dann etwas zu tun gab. Mein Kopf kam zur Ruhe und das Vertrauen darin, dass alles nicht nur gut wird, sondern bereits gut ist, wurde wieder größer.

Einige Tage später spürte ich meine innere Weisheit wieder sehr deutlich. Sie überkam mich wie ein Schauer, der mich wieder in diesem wohligen Gefühl des vertrauten inneren Geführtseins baden ließ. Sie ließ mich nicht nur eintauchen, sondern auch heilen, denn so wusste ich wieder besser, wie ich mich selbst stärken und unterstützen kann und was für meine Bedürfnisse wichtig war.

In all dem, was sich in meinem Leben aufs Neue gezeigt hat,

erkannte ich plötzlich, wie sehr ich meine Gedanken der letzten Wochen so unfassbar ernst genommen hatte und wie sich diese vielen milden Brisen zu einem gewaltigen Tornado-Sturm zusammengetan hatten. Diese winzigen und zugleich riesigen Helligkeitsmomente ließen mich an die Zeit zurückerinnern, in der ich im größten Liebeskummer vergraben war und dennoch erkannte, dass alles, was ich erlebe, nur meine Gedanken sind, aber gar nicht *ich* bin. Ich spürte erneut in all meinen Zellen, wie erleichternd, frisch und lebendig sich dieser jetzige Moment anfühlt, immer aufs Neue.

Jetzt denkst du dir vielleicht: „Ist sie völlig verrückt?“ Ja, manchmal habe ich auch das Gefühl, doch glücklicherweise ist das einfach nur pures Leben. Ein Leben mit Höhen und Tiefen eben, so wollen wir es bezeichnen und so hören wir es von überall. Doch ist das wirklich so?

Egal wie es in uns auszusehen scheint – wir können immer erkennen, dass das nur unsere Gedanken sind, die sich in Form von wilden Emotionen äußern und die manchmal sanft und manchmal gewaltig über uns hereinbrechen, die Sicht vernebeln und sie ganz trüb werden lassen. Wie dieser Sturm, der gerade vor meinem Fenster tobt, geht auch dieser Sturm in uns vorüber. Immer. Wirklich immer. Interessanterweise ist gerade jetzt, während ich diese Zeilen schreibe, Sturmwarnung. In Teilen Deutschlands soll es auch schon bis zu 180 km/h gewindet haben. Aber das nur am Rande.

Wie könnte es anders sein – auch diesmal wurden die lichten Tage wieder mehr. Nach wochenlanger Regenzeit kam der Frühling zurück. In mir. Ich habe es wieder geschafft, klar zu sein. Und das ganz ohne Therapeuten oder Heiler. Einfach nur durch winzige Momente, in denen ich immer wieder aufs Neue erkannte, dass meine Gedanken ein Schauspiel darstellen und keine Wahrheit über mich oder mein Sein mit sich bringen. Ich darf eintauchen und erleben, darf meine Emotionen mal intensiv und mal sanft erleben, muss aber nicht zum Dramendarsteller meines Lebens werden.

So wird das Leben wieder bunt und vielfältig.

Mein Partner und ich sind mittlerweile überglücklich mit unserem Spatz, der in mir größer wird und dem wir bald diese bunte Welt zeigen dürfen. Wir haben uns nach der wilden Tornadozeit in wenigen Wochen ein Leben kreiert, das uns entspricht, sind als Paar noch weiter zusammengewachsen und erfreuen uns daran, immer wieder aufs Neue auf einer Welle der Gedanken zu surfen. Denn das macht Leben aus. Und das Geheimrezept hierfür liegt in uns, in mir, in dir. In jedem von uns: Wir haben uns wieder von unserer inneren Weisheit tragen lassen, die immer wieder aufs Neue zu uns spricht und uns angibt, was es als Nächstes zu tun gibt. Wenn wir unseren Verstand nur noch dazu einsetzen, den nächsten Schritt umzusetzen, anstatt diesem Werkzeugkoffer die Macht über Entscheidungen zu geben, fühlt es sich zudem leicht und schwerelos an.

Ich wünsche mir von Herzen für dich, dass du bunte Theaterstücke deines Lebens erfährst und dich immer wieder daran erinnerst, dass alles eine Kreation deiner Gedanken ist. Diese erlebst du auf vielfältige Weise. Doch dies hat nichts mit dir als Person oder auch mit anderen Personen zu tun. Denn du bist nicht deine Gedanken.

Elisabeth Löffelad *ist ganzheitliche Business-Coachin, Mama und Langzeitreisende. Sie unterstützt selbständige Frauen, ihre emotionalen Ketten zu sprengen und Freude im Businessaufbau zu erleben. Wenn sie gerade nicht coacht, ist sie am liebsten barfuß am Meer oder manifestiert sich ihr herrlich freies Leben mit ihrer kleinen Familie auf Bali.*

www.elisabeth-loeffelad.com

Bühne frei für den Selbstzweifel

von Lisa Berner

Eigentlich hatte ich viel Zeit, um darüber nachzudenken, worüber ich schreiben möchte. Aber das Gefühl, dass ich es nicht kann, dass es einfach nichts für mich ist und ich noch nicht soweit bin, ging einfach nicht weg. Das Zweifeln, das Hinterfragen, das Vergleichen blieb, egal wie oft ich ansetzte und das Thema änderte. Irgendwann schrieb ich nicht mehr weiter.

Der Abgabetermin kam immer näher und das Gefühl versagt zu haben, wurde immer größer. Wieso schaffe ich es nicht, einen Text abzugeben? Ich muss doch einfach nur über mich selbst schreiben. Eigentlich ist es paradox: Ich habe kein gutes Gefühl – weder zum Schreiben noch dazu, nicht zu schreiben.

Nun sitze ich hier, die Deadline ist vorbei und kurz vor knapp habe ich unsere Redakteurin kontaktiert, um ihre angebotene Hilfe anzunehmen. Ob mein Text noch gedruckt wird, weiß ich nicht. Ich bin enttäuscht über mich und neidisch auf alle, die es geschafft haben. Ich bin sogar wütend auf die Möglichkeit, einen Beitrag für dieses Buch zu schreiben. Hätte ich die Möglichkeit nicht bekommen, hätte ich mich nie damit konfrontieren müssen – und würde mich jetzt nicht schlecht fühlen.

Dennoch schwingt ein Gefühl von Neugierde mit. Also starte ich einen neuen Versuch. Ich werde versuchen, darüber zu schreiben, wie schwierig es für mich ist, etwas Persönliches zu veröffentlichen, und welche Hindernisse ich damit habe. Die Vorstellung, andere mit meiner persönlichen Geschichte zu langweilen, ist sehr unangenehm. Was, wenn es überhaupt nichts Erzählenswertes zu berichten gibt? Etwas preiszugeben, das mich selbst schwach und unsicher zeigt – warum sollte ich das tun?

Aber genau das war es, was mich anfangs an den Geschichten rund um die *Drei Prinzipien* so faszinierte: Diese Ehrlichkeit und dieser Mut der Menschen, von sich selbst und den eigenen unsicheren Momenten zu erzählen. All diese Berichte über die Veränderungen durch die Beschäftigung mit den Drei Prinzipien berührten mich zutiefst. Ich spürte, dass mir diese Menschen nichts vormachten. Sie erzählten nicht darüber, wie jeder Weisheit finden könnte oder dass es diese Methode und jene Ansicht ist, die jeder verstehen müsste. Sie erzählten ganz ehrlich über ihre persönlichen, unangenehmen Erlebnisse. Jede Geschichte war anders – so wie auch ihre Erkenntnisse und Erfahrungen. Es war der Weg jedes Einzelnen, mit einer Weisheit erzählt, die immer von innen kam und somit jedes Mal anders war. Die Geschichten ließen mich in meine eigene Welt wandern und mich zu Erkenntnissen führen, die ich so vielleicht schon mal gehört, aber noch nicht verstanden hatte.

Mit Mitte zwanzig, nach meinem Universitätsabschluss, hatte ich große Sehnsucht nach Stille. Ich hoffte auf Antworten, die ich für mich noch nicht gefunden hatte. Ich reiste nach Neuseeland, um so weit weg wie möglich von meinem Gewohnten zu sein. Dort hoffte ich zu finden, wonach ich suchte. Ich besuchte verschiedene Retreats und verbrachte einige Monate in einem buddhistischen Zentrum, um das Meditieren zu lernen, damit ich endlich zur Ruhe komme und die ersehnte Klarheit erlange. Ich war überzeugt davon, dass die Meditation der einzige Weg zu einem zufriedenen Leben sei. Ich dachte damals, dass die Ruhe das Ergebnis meines Handelns wäre. Ich erkannte erst Jahre später, dass der meditative Zustand ganz natürlich ist. Ich muss dafür nichts tun, denn ich habe ihn bereits in mir. Was ich in den Klöstern zu lernen versuchte, war nicht an meinen Gedanken zu haften. Einen Gedanken loszulassen bedeutet für mich, keinen Grund für das Erscheinen des Gedankens finden zu müssen. Es bedeutet, dem Gedankeninhalt keine Aufmerksamkeit zu geben. Weder kann ich steuern, ob ich Gedanken habe oder nicht, noch kann ich steuern, nur noch positive Gedanken zu haben. Nein, ich gebe den Gedanken einfach keine Bedeutung. Ich muss nichts mit ihnen machen. Aber ich gebe ihnen die Erlaubnis, da zu sein. Das ist befreiend. Genau in diesen weiten, ruhigen, offenen Momenten ist Platz für neues Denken und Erkenntnisse. Unsere Erkenntnisse können also überall und unangemeldet stattfinden, und wir brauchen nicht einmal ein Sitzkissen dafür. Solange wir uns selbst nicht im Weg stehen und uns in den aufkommenden Gedanken verstricken.

Denken ist menschlich. Ununterbrochen fließt Energie in Form von Gedanken durch uns. Wir erfahren dadurch unsere Welt und wir kreieren unsere Realität. Jetzt verstehe ich, dass es auch die Kraft ist, die all unsere Gefühle und Emotionen erschafft. Ich habe den freien Willen, um zu entscheiden, welche Gedanken ich festhalte und ihnen Kraft gebe – und welche ich loslasse. Früher hatte ich keine Distanz zu meinen Gedanken. Ich dachte, jeder Gedanke habe definitiv eine Bedeutung und ich müsse ihn ernst nehmen. Vor allem die negativen Gedanken schienen eine Wichtigkeit zu haben, denn sonst hätte ich sie ja schließlich nicht. Mit meinem Intellekt versuchte ich sie dann zu lösen, wunderte mich, warum sie nicht verschwanden, und war frustrierter als zuvor, weil ich zu keinen zufriedenstellenden Ergebnissen kam. Und heute weiß ich: Es gibt nichts zu tun, außer die Gedanken loszulassen!

Dennoch passiert es immer wieder. Ich glaube meinen

Gedanken und suche krampfhaft nach Lösungen. Das Gefühl von Selbstzweifel stellt sich ein und ist gegenwärtig. Wie in diesem Moment beim Schreiben: *Was, wenn ich zu keinem Fazit komme? Was, wenn den Leser*innen nicht gefällt, was ich schreibe? Was, wenn es einfach nur peinlich ist? Ich kann nicht schreiben. Ich mag mich nicht mal, wenn ich schreibe.* Bei jedem Satz schwingt ein unangenehmes Gefühl mit. Das macht keine Freude. *Die anderen Autorinnen hatten sicher Spaß daran. Sollte ich mich nicht glücklich schätzen für die Chance, bei diesem Buch mitzuschreiben?*

Ich probiere dem Gefühl einfach mal keine Bedeutung beizumessen und schreibe weiter. Jetzt wird mir klar: Zweifel und Unzufriedenheit haben an sich keine Bedeutung. Es kommt also darauf an, welche Bedeutung ich ihnen gebe! Das ist echt cool.

Konzepte sind Gedanken, die ich schon oft gedacht habe. So oft, dass ich beginne, sie zu glauben. Vor allem beginne ich an ihnen festzuhalten. Ich fange an, mich mit ihnen zu identifizieren und nehme sie als meine Realität wahr. Glaubenssätze verbauen mir die Möglichkeit, mich anders zu verhalten als bisher. Würde ich sie nicht mehr glauben, ich könnte mich selbst überraschen, Neues entdecken und mich verändern.

Mir wird klar, dass ich vieles in meinem Leben nicht ausprobiert habe, weil ich Angst davor hatte, mich zu blamieren oder es einfach nicht zu können. Ich wollte erst hinausgehen und mich zeigen, wenn ich mir der Sache ganz sicher war. Wie schade! Jetzt weiß ich, dass es im Leben darum geht, im Ausprobieren zu lernen und zu leben.

Immer perfekt zu sein ist nicht menschlich. Die Frage, warum es so unangenehm ist, Schwäche zu zeigen, ist nicht mehr so relevant. Ich brauche nur die Erkenntnis, meinen Gedanken nicht alles glauben zu müssen, und das Wissen, dass ich mehr als meine Gedanken bin.

Dazu kommt mir die Metapher des Himmels in den Sinn, die im Verständnis der Drei Prinzipien gerne verwendet wird. Das erste Mal gehört habe ich sie von Katja Symons. Wir sind wie der Himmel, unsere Gedanken und Konzepte sind darunter, also nichts von Dauer. Sie sind wie die Wolken, die kommen und gehen. Sie gehören zum Himmel dazu. Es ist ein Teil von ihm, aber macht ihn nicht aus. Gewisse Wölkchen sind meist okay für uns, aber wenn sie größer werden, wollen wir das nicht. Dann kommen wir in Not und meinen etwas ändern zu müssen. Aber genau das ist das Missverständnis. Wenn wir erkennen, dass es einfach nur „Wetter" ist, mit all den verschiedenen Wetterlagen, und dass es ganz natürlich zu uns gehört, können wir die dicken, dunklen Wolken besser aushalten und ziehen lassen.

Eine andere, etwas verspieltere Metapher fällt mir gerade ein. Anstatt des Himmels könnten wir auch eine Bühne sein. Unsere Gedanken, Gefühle und Erfahrungen sind wie die Künstler*innen. Manchmal spielen sie angenehme Melodien oder schauspielern grandios, manchmal Gegenteiliges. Würde sich die Bühne mit jeder Show identifizieren und nicht wissen, dass sie nicht diese Show ist, wäre das sehr anstrengend für sie. Sie kann das Schauspiel umso besser genießen, sobald sie erkennt, dass sie die Bühne ist und nicht das Drama, das sich auf ihr abspielt.

Zurück zu mir, die versucht zu schreiben. Mein Schauspiel, also meine Gedanken und die innerliche Diskussion darüber, warum ich schreiben und warum ich nicht schreiben sollte, dürfen stattfinden. Ich greife nicht ein, selbst wenn ich das Trauerspiel schlecht finde oder ich mich zu fragen beginne, was denn diese Szene, die gespielt wird, mit mir zu tun hat. Ich darf abwarten, bis das Schauspiel zu Ende ist und das nächste von ganz alleine anfängt. Denn unsere Gedanken sind Momentaufnahmen, die sich ständig ändern.

Meine Gedanken haben die Kraft, die ich ihnen gebe. Hätte ich anfangs meinen Gedanken mehr Aufmerksamkeit gegeben, hätte ich vermutlich keinen Text geschrieben, sondern hätte das alte Konzept über mich, die nicht schreiben kann, erneut bestätigt.

Ich schreibe weiter und springe ins Neue, lasse es nicht zu, dass mich die Gedanken bremsen. Lasse es hingegen zu, nicht alles unter Kontrolle haben zu müssen und nicht perfekt zu sein. Und dann wird es leicht.

Lisa Berner *ist Bewegungspädagogin und Kunsttherapeutin. Sie liebt es, Menschen die Freude und die vielen Ausdrucksmöglichkeiten durch Bewegung und Kunst näher zu bringen. Von Wellen und Bergen lässt sie sich selbst am liebsten in Bewegung bringen. Sie lebt mit ihrem Mann in einer kleinen Alpenstadt in Vorarlberg.*

Du erreichst die Autorin unter der E-Mail-Adresse: berner.lisa@gmx.at

Mehr Gelassenheit im Leben – VOR-SORGEN ade!

von Anita Schrackmann

"Ich hatte viele Sorgen in meinem Leben, von denen die meisten nie passiert sind." (Mark Twain)

Bevor ich über das Verständnis der Drei Prinzipien gestolpert bin, fühlte ich in regelmäßigem Abstand eine Enge in mir. Ich war gefangen in meinen Vorstellungen, gefangen in meiner Gedankenwelt. Als Managerin meiner selbst und meiner Familie – ich habe zwei Jungs, die nun im Teenageralter sind – war ich oft im VOR–SORGEN-Modus. *Was ist, wenn sich unsere Jungs im Umgang mit anderen Kindern nicht so verhalten, wie ich mir dies für sie wünsche …?* Kaum gedacht, und schon hatte ich ein dunkle Vorstellung davon, dass sie alleine, ohne Freunde, durchs Leben gehen müssten. Dies ist überspitzt formuliert, aber die Not in solchen Gedankenstürmen war real für mich. Oft machte ich mir Sorgen über ihren Medienkonsum. So begann ich schon, als sie sehr klein waren, den Fernsehkonsum in einem für die Kinder sichtbaren Wochenplan zu regeln. Dahinter standen meine Unsicherheit und mein Glauben an den für mich damals wahren Gewohnheitsgedanken, dass zu viel Fernsehen absolut schädlich für die Kinder sei. Ich handelte zwar aus bester Absicht, aber ich ließ mich vom Kopf leiten, statt in jeder Situation aufs Neue zu schauen, was jetzt gerade ansteht und passend ist. Vor lauter Denken, Planen und Analysieren verpasste ich es, im Moment zu leben und das JETZT zu erleben. Lief etwas nicht nach Plan, warf mich dies aus meinem Konzept und hatte zur Folge, dass ich meinen Gedanken glaubte, die mir sagten, ich sei eine schlechte Mutter.

Unsere Jungs stellten mich immer wieder auf die Probe. Je älter sie wurden, umso mehr rebellierten sie gegen die engen Regeln, welche ich eigentlich in liebevoller Absicht aufgestellt hatte. Ich machte mir viele Gedanken darum, dass ich verantwortlich sei für ihre spätere Lebenstauglichkeit, für ihr Glück und ihren Erfolg. Zu viel Fernsehkonsum, zu viel Zeit mit Computerspielen, zu wenig gesundes Essen, zu wenig frische Luft – all das würde sie ins Verderben führen. Aus jetziger Sicht hört und fühlt sich dies total merkwürdig an. Ich glaubte zu jener Zeit jedoch zu 100 Prozent meinen Gedanken, meinen Vorstellungen und Glaubenssätzen! Es ging sogar so weit, dass mich diese strengen Regeln selber beengten. Immer dann, wenn der Druck groß und größer wurde, fielen mir zum Beispiel beim Auftischen oder beim Ausräumen der Spülmaschinen die Tassen und Teller herunter. Das war jedes Mal eine klare Botschaft für mich: *Anita – schalte einen Gang zurück!* Heute nenne ich dies „einen Liebesbrief an mich“. Nie jedoch kam ich darauf, dass ich mir aus meinen Gedanken heraus genau diese Situationen selber erschuf. Ist das nicht unglaublich? Hätte ich früher von den Drei Prinzipien erfahren, wären mir ein paar unliebsame Erfahrungen erspart geblieben. Doch genau diese gehören nun einmal zu meinem Leben. Umso dankbarer bin ich, dass ich vor zwei Jahren auf die Drei Prinzipien gestoßen bin und seither für mich viele neue, lebensverändernde Erkenntnisse haben konnte.

Mein Leben jetzt ist geprägt von Vertrauen. Vertrauen darin, dass alle Menschen um mich herum sich so entfalten werden, wie es für sie vorgesehen ist. Ich habe damit nichts zu tun. Es gibt an ihnen nichts zu flicken, nichts zu reparieren, zu medikamentieren oder herumzubessern. Es ist alles da. Alles perfekt angelegt. Meine Kinder in Liebe begleiten – das ist die einzige

Aufgabe, die ich als Mutter übernehmen darf. Ich habe kein Recht, über meine Kinder zu bestimmen, ihre Zeit zu verplanen oder ihnen einen bestimmten Weg aufzuzwingen.

Schauen wir in die Natur. Jede Pflanze, jedes Tier hat einen für sich perfekten Plan des Wachsens, Gedeihens, des sich Entfaltens bereits in sich. Und dieser zeigt sich von Moment zu Moment.

Kopf und Gedanken

Ich hörte irgendwann, dass unser Kopf nicht immer hilfreiche Gedanken denkt. Mein Kopf war mir bis dahin unglaublich viel wert gewesen. Ich wusste, dass ich mich auf meinen Kopf, mein Dran-Denken, das Nichts-Vergessen, Organisieren und Planen, kurz: auf alles, was in meinem Kopf geschah, verlassen konnte. Sonst hatte ich zur Not noch meine Post-it-Klebezettel, auf die ich immer wieder wichtige Gedanken unter dem Stichwort „WICHTIGES“ aufschreiben konnte. Diese dienten mir als Stütze. Und zwar immer dann, wenn mein Kopf allzu voll war. Also oft.

Nun aber blieben diese Sätze bei mir hängen: „UNSER KOPF DENKT NICHT IMMER HILFREICHE GEDANKEN“ und „ICH BIN NICHT MEINE GEDANKEN“. Diese Aussagen stießen bei mir erst einmal auf Widerstand. *Was? Natürlich bin ich meine Gedanken, natürlich bin ich genau das, was mir mein Kopf immer wieder sagt, nämlich verlässlich, zuverlässig, gut geplant, organisiert …* Im Denken war ich wirklich gut.

Doch genau dieser Satz: „ICH BIN NICHT MEINE GEDANKEN, ICH FÜHLE MEINE GEDANKEN“, der löste etwas aus in mir. Irgendwie hörte ich darin auch, dass ich nicht für alles verantwortlich bin. Ich fühlte auf eine unerklärbare Art Erleichterung. Spürte etwas Hoffnungsvolles. Bisher hatte sich vieles für mich schwer angefühlt. Wie eine Last auf meinen Schultern. Die Verantwortung der Welt (meiner Welt, meiner Familie) auf meinen Schultern zu tragen, hatte spürbar Gewicht.

Die Drei Prinzipien schlugen bei mir nicht ein wie eine

Bombe. Es waren eher kleine, feine Samenkörnchen, die vom Himmel auf fruchtbare Erde fielen. Immer wieder hörte ich kleine Dinge, die mir eine weitere kleine Erkenntnis brachten. Mein Verstandeskopf wollte die Drei Prinzipien möglichst genau erklären können. Er wollte sie einordnen, analysieren. Doch dadurch entfernte ich mich wieder von den kleinen und doch so klaren Einsichten, welche mein Leben mit positiver Leichtigkeit erfüllten.

Die Webinarreihe „Mein geheimes Leben" kam für mich zum genau richtigen Zeitpunkt. Diese Serie, von Lea Wernli und Shailia Stephens initiiert, schlug dann doch bei mir ein. Gastsprecher wie Dicken Bettinger, Elsie Spittle und Amy Johnson ließen mich eine neue Dimension der Drei Prinzipien erfahren. Ich erkannte endlich das Missverständnis, mit dem ich durchs Leben gegangen war, nämlich die weit verbreitete Idee der Selbstoptimierung. Ich glaubte wie so viele andere Menschen auch, an mir arbeiten zu müssen, um endlich ganz zu werden, mich therapieren oder reparieren lassen zu müssen ... Das Missverständnis lag plötzlich auf der Hand. Für mich war es ein Richtungswechsel, zu erkennen, dass wir Menschen alle tief in uns drin ganz und heil sind. Dass alles schon da ist, nichts kaputt ist, nichts repariert werden muss. Das zu erkennen schenkte mir eine Einsicht: Unsere Gedanken erschaffen eine Welt, in der wir unvollständig sind. In Wahrheit sind wir alle jederzeit heil. Wir werden perfekt geleitet von unserer kreativen Kraft, bei den Drei Prinzipien heißt sie im englischen Original „MIND". Diese Kraft zeigt sich in der Ruhe, der Klarheit, in der Präsenz. Aus diesem Raum heraus Entscheidungen zu treffen hat für mich eine andere Qualität. Ich weiß nun: *JA, so ist es richtig für mich*, oder *NEIN, das fühlt sich nicht stimmig an*. Und es gibt eine für mich neue Option: *Ich weiß es NOCH nicht*. Bei einem Problem nicht in blinden Aktionismus zu verfallen, um zu einer Lösung zu kommen, dagegen sträubte sich meine gelernte Konditionierung. Doch ich kann darauf vertrauen, dass ich, geleitet von einem ruhigen und klaren Geist, die für mich passenden Entscheidungen fälle. Diese Entscheidungen kommen nicht mehr vom Kopf.

„Thoughts create feelings!", hieß es dann, „Gedanken erschaffen Gefühle!". Samenkörnchen wie diese Sätze begannen in mir zu gedeihen. Sie wollten mehr Wasser. Ich tauchte mit Lea und Shailia tiefer in die Drei Prinzipien „Thought" (Gedanke), „Mind" (kreative Kraft) und „Consciousness" (Bewusstsein) ein – welch ein Segen! Ich konnte dabei noch tiefer verstehen lernen, worum es im Leben eigentlich geht. Nicht mit dem Verstandeskopf, aber mit meinem Herzen, meinem Gefühl. Und es fühlte sich einfach stimmig an. Diese Reise, die in die Richtung der menschlichen Natur, der menschlichen Erfahrung deutet, ist eine Lebensreise dahin, wo ich schon bin. Eine Entdeckungsreise mit vielen „Ahs" und „Ohs". Alles ist schon da, es gilt nur, MIND (der kreativen Kraft) besser zuzuhören. In die Klarheit zu kommen, raus aus dem Gedankensturm. Dann nämlich höre ich, was der nächste Schritt ist. Ob ein JA, ein NEIN oder ein ICH WEISS ES NOCH NICHT. Die Samenkörnchen meiner ersten Einsichten wachsen immer noch. Mal schneller, und ich erkenne wieder etwas Neues für mich, mal verlangsamt das Wachstum wieder. Und auch dann gibt es nichts zu tun, als auf den nächsten Impuls zu vertrauen.

Das Leben ist bereits perfekt

Mein Leben jetzt fühlt sich sehr viel leichter an als früher. Ich spüre Freiheit in mir. Gehe entspannter durch den Alltag. Ich sehe das Leben als Spielfeld mit vielen Möglichkeiten und weniger einengendem Ernst. Ich erfreue mich an mehr Kleinigkeiten. Dies im Wissen, dass ich mir die Freude und das Glück nicht im Außen holen brauche, es ist in mir drin. Ich habe ein besseres Gespür dafür, ob ich im Gedankensturm bin und aus diesem Gefühl heraus handeln möchte. Dann weiß ich nämlich mit Sicherheit: *Hände weg. Im Moment ist nichts zu tun. Der Sturm muss sich erst beruhigen, erst dann ist ein nächster Schritt angesagt.*

Und ich darf immer wieder erfahren, dass dies wirklich stimmt. Es ist wahr. Jeder von uns kann dies entdecken und erfahren.

VOR–SORGEN habe ich von meinem wiederkehrenden Tagesplan gestrichen. Wenn meine Gedanken in die Richtung des Vor-Sorgens rennen wollen, merke ich immer schneller, dass mir dies nicht dienlich ist. Ich muss ihnen nicht folgen.

In unserer Familie haben wir eine friedlichere Atmosphäre, einen freundlicheren Umgang miteinander, welcher von mehr Vertrauen und weniger Kontrolle geprägt ist. Die großen, zermürbenden Kämpfe finden an anderen Schauplätzen statt, nicht mehr bei uns. Das heißt nicht, dass wir keine Diskussionen oder Auseinandersetzungen mehr haben. Die Schwere darin hat sich zu sehr viel mehr Leichtigkeit verändert. Und das Aussteigen gelingt schneller und auf eine gesündere Art.

Ich sehe meine Kinder und erkenne, dass sie genau so perfekt sind, wie sie sind. Dass sie genauso perfekt sind wie alle anderen Menschen auch. Sie sind heil, ganz, sie sind in der Tiefe völlig okay. Es gibt nichts an ihnen zu verplanen. Ihr Lebensplan ist in ihnen angelegt, er wird sich entfalten. Mit Höhen und Tiefen, mit Freude und Trauer, mit Herausforderungen und viel Lebensglück im JETZT.

Immer öfter werde ich daran erinnert, wie perfekt ALLES bereits erschaffen wurde: Menschen, Tiere, Pflanzen. Und wie nah mehr Leichtigkeit und Klarheit sind. Man ist immer nur einen Gedanken davon entfernt. Diese Erkenntnis begleitet mich tagtäglich. Dafür bin ich unglaublich dankbar.

Übrigens: Post-it-Zettel brauche ich immer noch. Aber sehr viel weniger. Und wenn ich manchmal einen brauche, dann beschrifte ich ihn mit einem Schmunzeln im Gesicht. Weil ich sofort erkenne: Jetzt geht's wieder Richtung Gedankensturm oder Zu-viel-Denken. Ein anderer regelmäßiger Begleiter ist mittlerweile viel mehr in meinem Leben ist als die Post-it-Zettel: Er heißt „Vertrauen".

Anita Schrackmann *ist Primarlehrerin, Mutter von zwei Jungs im Teenageralter und erfreut sich am Frühling, Blumen im eigenen Garten und der Farbe Lindengrün. Sie mag es, als transformativer Coach mit ihren Kunden eine gelassenere Version des Lebens zu entdecken. Wenn sie sich nicht gerade in der Natur bewegt, liegt sie im Liegestuhl und schmökert dicke Krimis aus dem Norden.*

www.anitaschrackmann.ch

Einfach Mensch sein – einfach sein

von Martha Tretter

Gedanken sind Energieräuber

Früher machte ich mir viele Gedanken darüber, was ich mache, wie ich es mache und ob ich überhaupt etwas machen soll. Es beschäftigte mich unglaublich stark, was andere Menschen über mich denken. Fragen, die ich mir ständig stellte, waren: Mache ich das richtig? Mache ich das gut genug? Verhalte ich mich der Situation entsprechend?

Durch all diese Gedanken war das Leben für mich unglaublich anstrengend. Das ständige Analysieren von Situationen kostete viel Energie. Ein Gefühl von Schwere war normal für mich.

Meine Gedanken verselbständigten sich regelmäßig. Es herrschte solch ein starker Sturm in meinem Kopf, dass der beste Ausweg schien, mir eine Geschichte auszudenken. Es fühlte sich so an, als würde die Geschichte einfach entstehen, wie ein Film in meinem Kopf, ohne mein Zutun. Bis ins letzte Detail malte mein Verstand die Situationen aus und es fühlte sich alles ganz real an. Ich wurde in die Gefühle hineingezogen und erlebte im Inneren alles mit. Dadurch wurde meine Stimmung schlecht, ich fühlte mich niedergeschlagen und erschöpft. Ich fühlte mich unfähig, diesen Film zu stoppen. Auch wenn mich diese Phasen sehr viel Energie kosteten, hatte dieser Vorgang in meinem Inneren Suchtpotenzial.

Wenn ich Menschen traf, die in meiner Geschichte vorgekommen waren, verhielt ich mich ihnen gegenüber anders. Ich hatte ja etwas „erlebt" mit diesen Menschen. Sie hatten sich in meiner Geschichte auf irgendeine Weise verhalten. Das konnte durchaus zu einem unguten Gefühl und Irritationen führen. Ich verstand nicht, warum ich mir diese meist dramatischen Geschichten konstruierte.

Ich konnte mir auch nicht erklären, wie andere Menschen glücklich und energiegeladen durchs Leben gehen konnten. Scheinbar ohne sich viele Gedanken zu machen und resistent gegenüber Rückschlägen und Situationen, die nicht so waren, wie sie sich das vorgestellt hatten. Peinlichkeiten und Blamagen schienen sie nicht so zu berühren wie mich. Oft kaute mein Verstand solche Erlebnisse immer und immer wieder durch, tagelang verließen mich diese unangenehmen Gefühle nicht.

Eine Auswirkung davon war, dass ich mich sehr oft einfach nur einigeln wollte. Nichts und niemanden sehen und hören müssen und einfach meine Ruhe haben, war mein einziges Bedürfnis.

An Arbeitspensum schaffte ich meist genau so viel, wie vor mir lag. Sofern es von außen kam, war es egal, ob es viel oder wenig war. Ich schaffte es auf jeden Fall, allerdings brauchte ich die Zeit dazwischen dann für Erholung und Nichtstun. Da war dann keine Energie übrig und ich hatte nicht das Gefühl, dass ich viel neue Energie tankte. Wenn ich allerdings mitten in der Arbeit, mitten im Tun war, vergaß ich oft, noch zusätzlich darüber nachzudenken. Dann ging es mir einfach gut und ich fühlte mich im Flow. Kurz danach spazierte ich wie auf Wolken nach Hause, ein richtiges Hochgefühl. Erst etwas später merkte ich, dass ich müde war. Das „Nicht-noch-zusätzlich-Denken" setzte Energie frei, die ich für kurze Zeit intensiv spüren konnte. Doch damals verstand ich noch nicht, was da passierte. Es war jedenfalls anders als sonst und ich bemerkte es. Ich schrieb es der Tätigkeit selbst zu und schlussfolgerte, dass diese eben besonders gut zu mir passe.

Auf der Suche

Ich hatte mich schon mehr als zwei Jahre lang immer wieder mit mir und meinem Leben, was mir passiert und wie ich damit umgehe, beschäftigt. Ich hatte Bücher gelesen, Online-Kurse gebucht (und selten zu Ende gemacht), Yoga, Meditation, Journaling, Affirmationen und so weiter – irgendwann hatte ich alles für eine gewisse Zeit durchgehalten. Ich versuchte, mich und mein Tun zu verstehen, meine Gefühle, meine Ängste zu verstehen: wo sie herkommen, was ich tun kann, welche Technik mir helfen könnte, besser mit meinen Ängsten und Unsicherheiten umgehen zu können. Ich dachte von mir, dass ich viele wunderbare Seiten hätte, die durch die Ängste und Unsicherheiten jedoch nicht zum Leuchten kommen könnten. Einige „Lebensthemen" glaubte ich schon entdeckt und bearbeitet zu haben. Ich hatte schon sehr viele Erkenntnisse gesammelt, bei einigen Punkten kam ich aber einfach nicht weiter.

Was andere Menschen über mich denken und sagen, beeinflusste mich weiterhin stark. Ich fragte mich, ob sie mich mögen. Ob ich es allen recht mache. Ob sie mich als spannend, intelligent und wertvoll wahrnehmen. Und gleichzeitig wollte ich meine eigenen Bedürfnisse besser spüren und ihnen Raum geben. Ein paar Monate vorher hatte ich zum ersten Mal und nach langem Überlegen einen neuen Kurs begonnen, darin Geld investiert und war mir sicher, dass mir diese Inhalte und Hilfestellungen jetzt den gordischen Knoten lösen werden. Ich war mit Eifer dabei, merkte aber, dass ich vieles wieder nicht umsetzen wollte oder konnte. Ich spürte innere Widerstände und war mir selbst im Weg.

Dann kam die Einladung, mir im Laufe von mehreren Tagen Videos mit Geschichten von Menschen anzusehen, die die Drei Prinzipien für sich entdeckt hatten. Was über deren „Geheimes

Leben" erzählt wurde, hörte sich teilweise eigenartig an, dann hörte ich von starken Veränderungsprozessen und so viel Zuversicht und Vertrauen. Ich hörte von all den Entdeckungen, die diese Menschen gemacht hatten. Viele dieser Geschichten berührten mich sehr. Ich spürte Vertrauen ins Leben. Ich hatte für mich etwas gespürt – ja, es war, als hätte ich mich erinnert an Dinge, die ich immer wusste. Die in mir waren. Es fühlte sich so stimmig an. Ich hatte Hoffnung und Zuversicht. Und ich wollte mehr wissen und hören. Gleichzeitig fühlte ich mich überwältigt und konnte manchmal nur sitzen und in die Luft schauen. Als müsste das Neue erst einsinken und wirken. Es ließ sich kaum in Worte fassen.

Was diese Menschen erzählten, fühlte sich stimmig und echt an. Ich spürte, dass alles gut ist. Von da an „ergaben" sich die nächsten Schritte wie von selbst. Das, worauf ich immer gewartet hatte, passierte: Ich war mir innerlich sicher, hatte Klarheit und wusste, dass ich angekommen war.

In Erinnerung geblieben ist mir eine Geschichte, in der eine Frau erzählte, dass sie fünf- oder sechsmal ein Hörbuch gehört hatte, bis es auf einmal Klick machte. Sie war mitten in der Stadt unterwegs und wusste plötzlich, dass sie sicher ist im Leben, dass sie die richtigen Schritte setzen wird, wenn der Zeitpunkt da ist.

Ich spürte, dass Fragestellungen in meinem Leben, die ich bisher mit Gedanken und Ideen und Büchern und Ratgebern und Fachmeinungen nicht hatte lösen konnte, hier beantwortet werden können. Einige Psychologen und Therapeuten, die wirklich alles versucht hatten mit ihren Klienten und trotzdem keine oder wenig tatsächliche, langfristige Veränderungen erwirken konnten, hatten bei den Drei Prinzipien neue Antworten gefunden. Das war und ist für mich unglaublich spannend.

Eine der neuen Einsichten für mich war: „Meine Gefühle kommen von meinen Gedanken". Wir konstruieren uns unser gesamtes Leben mit diesen Gedanken. Und ich muss diese

Gedanken nicht zwangsläufig ernst nehmen. Es sind keine Handlungsanweisungen. Sie kommen und gehen einfach. Das war für mich revolutionär. Ich dachte immer, alles, was mein Kopf so produziert, ist besonders wichtig für mich. Viele sehr „ich-zentrierte" Strömungen der Persönlichkeitsentwicklung zielen doch darauf ab. Ich war gerade noch stolz darauf gewesen, endlich mit Anfang 40 herauszufinden, wer ich bin, was ich mag, was mir passt und was nicht. Und jetzt soll das nicht so wichtig sein? All diese Einordnungstests für die Persönlichkeit kamen mir in den Sinn … und die Erkenntnis: Die Persönlichkeit – das sind alles nur erlernte Muster und Gedankenkonstrukte! Das war neu, fühlte sich tief darunter aber sehr wahr und richtig an.

Das erste Mal verstand ich wirklich, was es bedeuten kann, dass wir alle miteinander verbunden sind und es eine Lebensenergie gibt, die durch uns fließt. Ich hatte das schon so oft und in verschiedenen Zusammenhängen aus unterschiedlichen Quellen gehört und nie wirklich verstanden. Jetzt hatte es nichts mehr mit Esoterik zu tun oder was auch immer ich da früher vermutet hatte. Ich spürte, dass es stimmt, dass wir einfach unterschiedliche Ausprägungen menschlichen Lebens sind. Dass es bis zu einem bestimmten Grad tatsächlich nichts Persönliches ist, ein Ausdruck des Lebens zu sein. Ich fand es revolutionär, dass mich das nicht störte – ganz im Gegenteil! Ich fand es großartig!

Das Gefühl stellte sich ein, dass ich alles im Leben bewältigen kann. Dass das Leben ein Tanz ist. Vor, zurück, auf die Seite und wieder vor. Es kann nichts passieren. Alles ist gut. Der tiefe Abgrund, den ich oft – wenn auch in gewisser Ferne – gefühlt hatte, war und ist bis heute weg. Ich bin innerlich viel ruhiger geworden. Durchlässiger für das Auf und Ab des Lebens. Emotionen dürfen kommen und auch wieder gehen. Es ist okay. Ich muss sie nicht festhalten, analysieren und auseinandernehmen. So viele Glaubenssätze haben sich in Luft aufgelöst. Ich fühle mich freier und muss nicht mehr so stark festhalten an dem, was mir lieb ist. Meine ständige latente

Unzufriedenheit hat sich in Frieden verwandelt. Ich habe weniger Beurteilungen. Ich mag Menschen wieder.

Dann hatte ich einen schönen Moment beim Radfahren, mit Blick in die Weite. Ich spürte, dass ich wirklich und wahrhaftig leben will, weil das Leben gerade so spannend geworden ist, dass ich richtig neugierig bin auf die Zukunft.

Unterwegs im Leben mit den neuen Erkenntnissen

Nach meinen ersten Erkenntnissen begann ich alles aufzusaugen, was ich über die Drei Prinzipien finden konnte. Ich schaute tagelang Videos von Michael Neill, hörte George und Linda Pransky zu und war fasziniert von den vielen anderen Drei-Prinzipien-Coaches, deren Erkenntnisse ich oft gleich weitererzählte.

Immer mehr begann ich zu beobachten, wie ich mich in meinem Alltag verhalte. Ich bemerkte, wie ich aus einem Gedankenschnipsel, einer Information, die ich aus dem Augenwinkel aufgenommen hatte, innerhalb kürzester Zeit einen Film in meinem Kopf drehte. Die Geschichte wurde so intensiv, dass ich sie körperlich zu spüren begann und es heiß in mir aufstieg. Das Bemerken dessen, was gerade in mir ablief, war ein bisschen unangenehm, da ich mich ja selbst ertappte. Doch es hilft mir dabei, schneller wieder aus der Geschichte auszusteigen und zu wissen, dass ich mich damit nicht beschäftigen muss.

Ich weiß jetzt, wie das Prinzip *Gedanke* funktioniert. Menschen sind Denker. Denken ist die Dauerbeschäftigung unseres Gehirns. Wir sind mit einem genialen Verstand ausgestattet, der es sich zum Ziel gesetzt hat, uns am Leben zu halten. Dafür stellt er ständig Berechnungen an, vergleicht, beurteilt und steckt Erlebnisse in Schubladen. Das ergibt Sinn, wenn es darum geht, ob ich vor dem herannahenden Auto noch über die Straße gehen will. Weniger hilfreich ist es, dass mein Verstand bei jeder Fragestellung unermüdlich nach Lösungen sucht, auch wenn es momentan keine gibt. Mein Hirn rattert dann ohne Punkt und Komma und das erschöpft mich. Dazu gibt es etwas zu verstehen: Jeder Gedanke wird von unserem Bewusstsein gefühlt. So lassen wir unsere Gedanken lebendig werden. Ja, auch die, die wir uns nur ausdenken. Selbst alle Gedanken, die wie mechanisch durch uns durchlaufen, fühlen wir. Das ergibt oft ein großes Chaos, Verunsicherung und Überforderung. Uns fehlt dann die Luft, der kurze Moment, in dem wir gedanklich durchatmen können. Uns fehlt die längere Pause im Kopf. Dann könnten nämlich hilfreiche, weise Gedanken und Ideen auftauchen.

Ich kenne mittlerweile die Mechanismen meines Verstandes und die Tricks, die er manchmal anwendet. Ich fühle mich durch das tiefe Verständnis davon immer wohler in meinem Leben. Es ist ein bisschen so, als würde ich mein Zuhause besser kennenlernen und erkunden. Früher haben mich diese „Privatvorstellungen" meines Verstandes viel Zeit gekostet, auch weil ich dachte, darin sei irgendeine Information für mich enthalten, mit der ich mich auseinandersetzen müsse. Es ist eine enorme Erleichterung für mich, das nicht mehr zu tun. Nicht jeder Gedanke beinhaltet wertvolle Informationen für mich. Die meisten Gedanken kann ich einfach weiterziehen lassen.

Ich hatte ein paar Themen, von denen ich hoffte, dass sie sich durch das Verständnis der Drei Prinzipien lösen werden. Vor allem eines, das ich selbst als sehr störend empfand: einen nervösen, autoaggressiven Tic, von dem ich überzeugt war, dass er jedem auffiel, der länger als zehn Minuten mit mir am Tisch saß oder im Gespräch war. Ich hoffte sehr, ihn loszuwerden. Doch es passierte nicht. In der Folge wurden meine Gedanken dazu wieder beurteilender und verurteilender. Irgendetwas schien ich falsch zu machen, etwas hatte ich wohl nicht verstanden, sonst wäre der Tic ja schließlich weg. Das Faszinierende war dann, dass dieser Tic nach knapp eineinhalb Jahren des Unterwegsseins mit den Drei Prinzipien tatsächlich verschwand und ich es gar nicht bemerkte. Irgendwann fiel mir auf, dass ich das nicht mehr mache. Und vergaß es gleich wieder, bevor ich es triumphierend erzählen konnte.

Die Veränderungen sind nicht laut und schrill, manchmal bemerke ich sie erst Wochen später und trotzdem könnten sie nicht deutlicher sein. Ich fühle mich sicherer in meinem Beruf und im Umgang mit Menschen. Ich spüre klarer und stärker, was in mir vorgeht, und kann besser mit meinen Gefühlen umgehen. Viele kleine Dinge im Alltag und im Berufsleben gehen mir leichter von der Hand, die inneren Widerstände sind viel schwächer geworden und oft ganz verschwunden. Das sind große Veränderungen im Inneren, die mein Leben täglich mit mehr Leichtigkeit und Energie füllen.

Ich begann meine Umgebung stärker wahrzunehmen. Besonders am Anfang fühlte sich alles intensiver an. Die Natur, die Menschen, alles um mich herum. Ich genieße meine alltäglichen Aktivitäten viel mehr: mein Gesicht waschen und eincremen, mich anziehen, Mahlzeiten zu mir nehmen, unterwegs sein, Zeit mit anderen Menschen verbringen, spazieren gehen, die Sonne spüren. Ich rieche die Gesichtscreme und fühle, wie sich meine Haut entspannt. Wie fühlt sich der Stoff auf meiner Haut an? Ich nehme es wahr. Ich empfinde tiefe Freude darüber, Freunde und meine Familie zu sehen.

Dieses intensive Erleben ist immer noch da.

Wenn es im Außen unruhig wird und ich mich im Stress gefangen fühle, wird dieses Erleben weniger bewusst. Das Schöne ist, dass ich weiß, was da gerade geschieht. Dadurch fange ich mich selbst viel schneller auf und hole mich zurück ins Hier und Jetzt. Dass ich im Kopf schnell mal mit einer Geschichte abdampfe, kann immer wieder passieren, es ist aber nicht weiter schlimm. Ich weiß, dass ich diese Gedanken nicht ernst nehmen muss, da ist keine besonders wichtige Information für mich drin. Das Resultat ist, dass ich sie schneller einfach gehen lassen kann. Sie lösen sich auf, ohne dass ich etwas dafür tun muss. Ich vergesse die peinlichen Momente dann einfach wieder. Es ist ein bisschen, wie sich selbst dabei zu beobachten, wie man „die Wände hochgeht". Ich fühle den Ärger und die Unsicherheit – und auch wenn es keinen Knopf zum Drücken gibt, um noch in der Sekunde wieder draußen zu sein, bin ich viel schneller wieder in einem neutralen, guten Zustand. Meine Gedankenwelt ist dadurch nicht mehr bedrohlich.

Kraftvolle, starke Gedanken, die ich heute habe, sind: *Es kann mir nichts passieren. Ich kann einfach leben, ausprobieren und machen. Ich fühle mich so viel freier und unabhängiger von der Meinung anderer Menschen. Die Welt steht mir offen.*

Das Tun im Leben, egal ob im Privaten oder beruflich, wird immer spielerischer, und die Menschen, mit denen ich zu tun habe, sehe ich als Mitspieler im eigenen Team. Und vor allem als Menschen, so wie ich auch einer bin.

Manchmal stellt sich Ungeduld ein, dann möchte ich, dass sich jedes Thema sofort löst. Ich möchte die Themen erkennen und wie nach einem Plan vorgehen, damit sie sich so verändern, wie ich es mir wünsche. Da kommt es durchaus vor, dass ich mich in Gedanken verstricke und darunter leide, dass das nicht auf Knopfdruck funktioniert. Gleichzeitig begleitet mich eine sehr zuversichtliche Stimme, die mir immer wieder versichert, dass sich eine Lösung zeigen wird. Dieses innere Wissen beruhigt mich und ich kann das Thema abgeben oder zumindest zwischenparken. Das verschafft mir ein Zeitfenster, das sich angenehm und erholsam anfühlt. Ich kann durchatmen, bis der nächste Sturm im Kopf tobt. Es ist tröstlich zu wissen, dass wir Menschen so ticken: Ja, wir denken ständig und diese Gedanken verstricken sich oft zu einem Knäuel. Ich habe damit meinen inneren Frieden gefunden. Es ist wie ein Ort in mir, an den ich zurückkehren kann, während um mich herum die Wogen hochgehen.

Wenn ich Menschen um mich herum erlebe und beobachte, sehe ich, dass sie eben auch nur Menschen sind. Viele sind in ihren Gedankenkonstrukten gefangen, haben Ängste und Sorgen, mit denen sie ganz unterschiedlich umgehen. Ich nehme vieles heute auf einer neutraleren Ebene wahr, nehme

Reaktionen nicht persönlich und mache mir weniger Gedanken darüber.

Das Gefühl, okay zu sein, und zu wissen, dass auch mein Gegenüber okay ist, tut gut. Wir sind alle verbunden, aus der gleichen Energie entstanden, die Erde, Planeten, Pflanzen und Tiere am Laufen hält, nur in unterschiedlicher Ausformung. Den meisten Menschen ist es nicht mehr bewusst, dass wir zu diesem universellen Wissen immer Zugang haben. Wir können daraus unsere Ideen schöpfen. Diese Energie steckt in uns, wir sind mit ihr verbunden. So wie Pflanzen und Tiere ihr Verhalten ändern, wenn es sinnvoll ist, können das auch wir Menschen. Das Leben hält immer verschiedene Möglichkeiten bereit.

Ich fühle mich geborgen im Leben und habe wieder viel mehr Vertrauen in mich selbst. Wir sind für das Leben wunderbar ausgerüstet. Da ist jetzt ein ganz anderer Boden, auf dem ich stehe und der mich trägt.

Ich fühlte mich von Anfang an getragen von dem neuen Verständnis der Drei Prinzipien, die zu einem neuen Fundament für mein Leben wurden. Ich wusste, dass ich weiter in diese Richtung schauen möchte, mehr sehen wollte und tiefer verstehen. In meinem Hinterkopf formte sich eine Idee, die wie von einer tieferen Weisheit in mir kam: Ich könnte selbst Coach werden und dieses neue Verständnis anderen Menschen anbieten.

Mein erster Gedankensturm dazu war ungefähr so: Dafür musst du doch selbst perfekt sein, alles verstanden haben, souverän rüberkommen, immer die richtigen Antworten parat haben und so weiter. Ich bin froh, dass ich mich von dieser Gedanken-Lawine nicht abhalten ließ. Heute bin ich Drei-Prinzipien-Coach und sehr dankbar für jede Stunde, die ich mit Menschen verbringen kann, die auch besser verstehen wollen, wie unser natürlicher Zustand, unser Menschsein gedacht ist.

Nicht immer gibt es dabei für mich und meine Coachees etwas zu tun. Veränderung ist nicht immer gleich sichtbar. Was wäre, wenn ich mich aufgrund dessen, was ich neu gesehen habe, unbewusst anders verhalte – und diese Veränderung wie in einem Uhrwerk, in dem die Zahnräder ineinandergreifen, automatisch auf die anderen Lebensbereiche übergeht? Dann gäbe es nichts anderes zu tun, als Veränderung zuzulassen. Die Wirkung verbreitet sich anschließend über die Verbundenheit zwischen uns allen. Wie fühlt sich das an? Ist das zu einfach, zu wenig? Nicht spektakulär genug? Oder total beruhigend und Mut machend?

Wir können einfach sein und es verändert sich alles.

***Martha Tretter** ist Online Life Coach. Sie lebt mit ihrem Partner in Wien, wo sie neben ihrer Tätigkeit als "Coach Martha" auch Stadtführungen anbietet. Das Stadtleben verbindet sie gerne mit Besuchen am Land bei ihrer Familie mit viel Zeit in der Natur. Martha liebt britische Krimis und trinkt nachmittags Earl-Grey-Tee.*

www.martha.coach

Amazing Grace - vom Wunder der Gnade

von Dorit Heck

An einem Nachmittag saß ich im Garten in einem unserer Liegestühle und schaute hoch in den Apfelbaum über mir. Es war einer der ersten warmen Tage in jenem Jahr. Am Vorabend hatte ich in einem Kongress über die „Drei Prinzipien" erstaunlichen Geschichten von ganz normalen Menschen zugehört. Dabei hatte ich diesen einen Satz gehört, der sich tief in mir eingeprägte: „Unser wahres Selbst ist nicht beschädigt, wurde nie beschädigt und kann nie beschädigt werden."

Ich war durch das vorangegangene Zuhören und Reflektieren in einem sehr besonderen Zustand. Ich war sehr ruhig geworden in den letzten Stunden und spürte sehr viel Leichtigkeit. So lag ich im Liegestuhl, sah die Blätter der Bäume und schaute den Frühlingsblüten hinterher, die vom Wind in den Himmel geweht wurden. Ich betrachtete das Grün der Blätter genauer, das mir in diesem Moment unglaublich schön vorkam. Plötzlich fühlte ich mich verbunden mit allem. Es gab keine Grenzen mehr. Kein ICH und kein DU. Kein „der Baum" oder „das Blatt", einfach nur ein Einssein mit allem. Ein tiefes Vertrauen, dass ich gar nichts tun MUSS. Nichts, um irgendwie besser zu werden, da ich einfach schon perfekt bin, genau jetzt, genau hier. Vollkommen. Ganz. Aufgehoben im Leben. Das Leben selbst. Zu allem gehörend.

Zuhause.

Dieses tiefe Vertrauen, mit allem verbunden zu sein und immer gehalten, ließ mich zum ersten Mal spüren, was wirkliche Freiheit im Leben bedeutet.

Ich musste nirgendwo mehr hin. Ich spürte, dass meine Suche ein Ende gefunden hatte.

Ich konnte endlich aufhören zu suchen.

Und ich hatte so lange gesucht. Vor diesem Tag mit der tiefen Erkenntnis, mit allem verbunden zu sein und tief vertrauen zu können, war mein Leben immer mit einer inneren Unruhe gekoppelt gewesen.

Diese innere Unruhe zeigte sich darin, dass ich, sobald ich in mich hinein hörte, immer etwas fühlte, das mir sagte, dass ich weiter müsste, dass ich etwas noch nicht gefunden hätte, dass ich zu langsam sei, dass ich mich mehr anstrengen müsste, dass mir noch etwas fehlte, dass ich noch nicht gut genug sei … Es war immer anstrengend. Ich war immer getrieben.

Als Partnerin war ich zu viel auf Abstand, als Freundin nie ausreichend, als Mutter viel zu oft ungeduldig, mit meinen Emotionen viel zu unbeherrscht, beruflich immer auf dem Sprung, so oft nicht richtig dazugehörend – alles entsprach nicht wirklich dem Bild, wie ich zu sein hatte, um einen richtigen Platz im Leben zu haben und in Ordnung zu sein.

Ich hatte sehr hohe Maßstäbe, die ich mir im Laufe meines Lebens selber gesetzt hatte. Dadurch überforderte ich mich so oft und verstand die Hinweise nicht, die ich immer wieder bekam. Hinweise, die mir mein Körper sandte, um mir zu sagen, dass ich vom Weg abgekommen bin. Wie oft hatte ich Bauchschmerzen und erkannte nicht den Zusammenhang damit, dass mir alles zu viel war. Wie oft war ich einfach froh, einen Tag hinter mich gebracht zu haben, der wieder so anstrengend für mich war, um dann endlich ins Bett gehen zu können und wenigstens im Schlaf ein wenig Ruhe zu finden.

Ich verstand nicht, dass meine negativen Gefühle mir immer wieder Hinweise gaben, wieder zurück ins Hier und Jetzt zu kommen. Zurück in den Moment, um Abstand von meinem anstrengenden Denken zu bekommen. Ich wollte meiner Traurigkeit entfliehen, das Gefühl loswerden, so anders zu sein. Ich wollte mich nicht ständig ungenügend fühlen. Ich entwickelte sogar eine Essstörung, um ein Problem zu lösen, das ich mit meinem Denken selber geschaffen hatte.

Ich empfand oft große Wut und erschuf eine Härte, in die ich mich einkapselte, um wiederum die Wut und Verzweiflung nicht fühlen zu müssen. Ich erkannte nicht, dass all dies Zeichen waren, die mich nach Hause riefen, die mir helfen wollten. Da ich das nicht erkannte, versuchte ich, diese Gefühle loszuwerden. Ich schottete mich ab, um mich nicht so klein und hilflos zu fühlen – und dann fühlte ich mich allein. Ich war oft wütend und zettelte Streit an oder wurde laut, denn erst dann spürte ich mich. Und war danach so verloren, weil ich mich schuldig fühlte. Alle kleineren Zeichen übersah ich einfach. Obwohl ich schon viel früher spürte, wenn etwas sich nicht mehr ganz richtig für mich anfühlte. Doch ich hatte einfach nicht verstanden, dass diese kleinen Zeichen von Unwohlsein mir bereits zeigten, dass meine Gedanken mich in eine falsche Richtung führten und ich sie nicht zu beachten brauchte.

Stattdessen war ich oftmals tieftraurig, nicht dem Bild entsprechen zu können, das ich mir so sehr für mich wünschte. Ich konnte nicht sehen, dass meine Traurigkeit nicht daher kam, wie ich war, sondern dass ich viel zu viel über mich nachdachte und meinen Gedanken glaubte.

Es ist immer noch unvorstellbar, was sich durch meine tiefe Erkenntnis an dem Nachmittag im Garten für mich änderte. Ich spürte plötzlich eine Ruhe, die ich nie zuvor hatte. Alles in mir fühlte sich an, als wäre ich endlich, endlich zu Hause angekommen. Ich war nach so langer Zeit wieder gehalten und getragen im Schoß der Welt. Ich fühlte eine tiefe Geborgenheit, weil ich in mir wusste, dass ich nirgendwo mehr hin musste, um besser zu werden. Ich fühlte eine große Liebe für alles in mir, denn ich spürte, dass ich ein Teil von allem bin. Genau so, wie ich bin!

Seitdem hat sich so vieles verändert. Meine Beziehungen erfüllte plötzlich Leichtigkeit, in mir sprudelte so viel mehr Leben und Lachen als jemals zuvor. Meine Perspektive auf mein Leben veränderte sich: Ich sah voller Klarheit, was ich schon erreicht hatte und welchen Weg ich weitergehen wollte. Ich lernte, meine Emotionen zu lieben und mich selbst nicht mehr abzuwerten. Mich endlich richtig und komplett in Ordnung zu fühlen. Und es verändert sich immer noch mehr, es geht alles noch mehr in die Tiefe, je mehr ich verstehe, wie ich als Mensch funktioniere.

Zum Beispiel bemerke ich immer mehr, was für eine wundervolle Hilfe meine Gefühle für mich sind. Wenn ich vorher Wut oder Angst empfand, fühlte ich mich diesen Gefühlen hilflos ausgeliefert, doch ich weiß mittlerweile, dass die sogenannten negativen Gefühle mir einfach nur sagen, dass ich gerade zu viel in meinem Kopf bin und nicht im Hier und Jetzt. Mittlerweile ist dies meist nur noch ein leichtes Gefühl von Stress oder Druck. Sobald ich das bemerke, halte ich inne, spüre ich in mich hinein und finde dort meinen Ort der Stille und Ruhe wieder, auch wenn es im Außen um mich herum trubelig ist. Denn inzwischen weiß ich, dass ich das schöne Gefühl immer in mir wiederfinden kann, und dass es mich leitet, auch wenn mein Kopf gerade nicht weiß, wie es weitergeht. Wenn ich in die Stille einkehre und sie fühle, kommen mir neue Ideen oder einfach kleine Impulse, was ich tun könnte. Und ich erkenne, dass ich darauf hören und dem vertrauen darf, was mir dann als nächster Schritt sinnvoll erscheint. Im Laufe der Zeit merkte ich: Je öfter ich mich in dieses vertrauensvolle „Aufgeben“ begebe und geführt werde durch einen Impuls, umso eher lasse ich mich beim nächsten Mal darauf ein, mich einfach wieder in die Stille des Nichtwissens zu begeben.

Denn dort steht immer etwas für mich bereit – seien es neue Erkenntnisse oder Impulse für die nächsten Handlungen.

Ich habe dadurch eine große Leichtigkeit bekommen in meinem Leben. Es ist so viel Lachen in mir, von dem ich gar nicht wusste, dass es zu mir gehört. Eine tiefe, kindliche Fröhlichkeit und Gelassenheit durfte ich wieder in mir entdecken. Auch war endlich so ein großer Frieden in mir. Ein Frieden, tief und still und klar wie ein blauer, kühler Bergsee.

Nach dieser tiefen Erkenntnis am Nachmittag saß ich zwei Wochen einfach nur unter einem Baum bei uns im Vorgarten, schaute in den Himmel, hörte den Vögeln zu und wollte nichts, außer das Leben zu spüren, zu hören und zu fühlen. Mit all meinen Sinnen einfach nur SEIN. Ich war im Frieden mit mir und mit allem. Ich *war* Frieden.

Es gab nichts zu tun für mich, nichts, wo ich hin musste, nichts, das ich erreichen müsste. Einfach nur SEIN. Still. In mir ruhend. Sorglos.

Ich spürte, dass ich genau am richtigen Ort war. Und dass sich daran auch nichts mehr ändern würde. Ich hatte gesehen, wo mein Zuhause ist. Wer ich wirklich bin.

Ich suchte nichts mehr im Außen.

Nach diesem stillen, zufriedenen Sitzen kehrte ich langsam wieder in meinen Alltag zurück.

Doch in mir war nichts mehr wie vorher.

Ich war ruhig geworden. Innerlich ruhig. Voll tiefstem Vertrauen, immer geführt und gehalten zu sein.

Ich begann, im Hier und Jetzt zu leben.
Überall Schönheit zu entdecken.
Mich in das Leben zu verlieben.
Zu spielen.
Mit dem Leben zu tanzen.
Meine Größe zu spüren.
Mein Leuchten.

Alles verändert sich über eine neue Erkenntnis. Meine Veränderung kam, indem ich etwas tief für mich neu gesehen habe, komplett anders, als ich es zuvor gesehen hatte. Ein Moment, in dem ich die Wahrheit spürte und nichts mehr so war wie vorher. Einen weiteren dieser Momente hatte ich ein paar Monate nach dieser tiefen, so vieles verändernden Erkenntnis, die ich in unserem Garten hatte.

Dieses Mal war es eine Einsicht zu einem Denkmuster, das mich mein bisheriges Leben lang begleitet hatte: die Eifersucht. Die Eifersucht war bis zu diesem Zeitpunkt ein großes Thema in meinem Leben gewesen. Sie hatte mich oft sehr eingeschränkt, ließ mich handeln, wie ich nicht handeln wollte, und führte mich auf Wege, die ich nicht gehen wollte. Sie hatte mich im Griff, weil ich ihr glaubte. Wie oft hatte ich dann auch meinen Partner eingeschränkt, weil ich mir in meinem Kopf Situationen ausmalte, von denen ich dachte, dass ich sie nicht bewältigen könnte, wenn sie einträfen. Ich vertraute meinem Partner nicht, ich vertraute dem Leben nicht und ich hatte Angst, weil ich dachte, meine Gefühle kämen von den Geschehnissen im Außen und nicht von meinen Gedanken.

Ich war also wieder einmal an dem Ort – diesem dunklen Ort namens Eifersucht. Hatte drei Tage gewütet und getobt, hatte Herzrasen und Panikattacken, lag auf der Couch, weil mein Kreislauf einfach nicht mehr konnte, und es fühlte sich gar nichts in Ordnung an. Nur wusste ich nicht, wie ich da rauskommen sollte, da ich spürte, dass mir etwas noch nicht klar war. Etwas, das ich noch nicht gesehen hatte. Da schien noch mehr zu sein, als ich bisher an Informationen hatte. Ich war körperlich so kraftlos und alles in mir sagte, dass ich mich ausruhen müsste. Welch tiefe Weisheit mir mein Körper da zeigte!

Es folgte ein Gespräch am Abend. Es wurde eigentlich nichts Neues gesagt. Doch ich hörte etwas, das ich vorher nicht gehört hatte. Ich hörte es nicht in den Worten, die gesprochen wurden, sondern ich hörte es in meinem Inneren als einen klaren

Hinweis. Ich bekam das fehlende Puzzlestück. Es war einfach da. Das Wissen, das mir zu der Situation fehlte. Und das Bild setzte sich zusammen. Ich war plötzlich innerlich absolut klar. Ich spürte eine weiße, komplette Stille in mir. Ich nahm auch im Außen kein Geräusch mehr wahr.

Dann fühlte es sich an, als ob alles von mir abfiele. Ich spürte innerlich, wie alles von mir herunterfloss. Schicht um Schicht löste sich. Es lief einfach an mir herunter und ich stand still und fühlte, wie es sich löste.

All die Schichten an Glaubenssätzen oder alten Denkmustern oder was auch immer es war – Konstrukte, von denen ich dachte, dass ich sie bräuchte –, hatten keinen Halt mehr.

In dem Moment war mir bewusst, dass ab hier alles anders sein wird. Nichts würde mehr so wie vorher sein. Was auch immer kommen würde, es wäre anders.

Ich tauchte wieder auf und war ein anderer Mensch. Nie zuvor war ich so klar in meinem Handeln. Nie zuvor hatte ich erfahren, wie tief ich meiner eigenen Weisheit vertrauen durfte. Ich war noch mehr in mir – meinem Zuhause – angekommen.

Seitdem spürte ich nie wieder Eifersucht, denn schon viel, viel früher spüre ich die Signale, die mich wieder zurückbringen zu mir und meiner eigenen, tiefen Weisheit. Dadurch, dass ich so viel Vertrauen darin bekommen habe, dass mit mir alles vollkommen okay ist, gebe ich mir selber so viel mehr Wertschätzung und Liebe. Ich weiß, wie viel Schönheit in mir wohnt und wie viel wundervolle Empathie und Wärme und Leichtigkeit und Verbundenheit ich einem anderen Menschen geben kann. Sobald ich diese Gefühle für jemand anderen nicht mehr spüre, weiß ich, dass mich mein Handeln oder Denken gerade nicht dorthin führt, wo ich hin möchte. Für mich nenne ich diesen Pfad „Weg des Leidens“, denn ich weiß, dass es dort nichts für mich zu holen gibt. Also setze ich alles daran, ihn nicht zu betreten. Manchmal dadurch, dass ich mich daran erinnere und bewusst atme und in mich hinein fühle. Manchmal sehe ich es an meinen Reaktionen und erkenne, dass ich so nicht handeln möchte. Ich kann dann aus der Situation gehen oder mich entschuldigen. Manchmal ist es auch erst einmal ein Zeichen dafür, mir selber Liebe zu geben, mich innerlich zu umarmen und einfach nur mich selber zu halten. Aber es sind immer Wege, die mich zu meinem Wohlbefinden zurückführen.

Ich erkenne jetzt so viel mehr Handlungsmöglichkeiten als früher, wo ich mich so oft in einer Sackgasse fühlte. Diese Sackgassen gibt es jetzt nicht mehr für mich. Und deswegen haben Angst, Wut oder Eifersucht auch keine Herberge mehr in mir.

Mein Verständnis und mein Mitgefühl für andere Menschen wächst seitdem täglich, denn ich kenne die Irrwege, die wir als Menschen gehen – und ich weiß, wie verloren wir uns fühlen können, wenn wir nicht wissen, dass wir *eben nicht* meilenweit entfernt sind von dem, was wir uns so sehr wünschen, sondern dass es näher ist als unser nächster Gedanke.

Es ist manchmal nur ein kurzes Innehalten und Loslassen von dem, was schmerzt. Dann wieder ist es, nur zu wissen, dass es mir nichts ausmacht, wenn es sich gerade nicht so gut anfühlt, denn es wird wieder etwas Neues auftauchen. Immer. Sicher! Das Leben ist barmherzig. Was für ein Wort. Das englische Wort „grace" beschreibt es so unglaublich schön und so viel treffender. Grace – das ist es, was mir einfällt, wenn ich das Leben mit einem Wort beschreiben sollte: Amazing Grace, erstaunliche Gnade.

__Dorit Heck__ ist Pädagogin, Coach und Autorin sowie Mutter von drei Töchtern. Sie zeigt dir, wie wir Menschen unser Leben leichter leben können, und hört dir zu, bis du deine eigene Wahrheit erkennst. Sie läuft am liebsten barfuß und ihr Herz zieht sie immer wieder zu den Pferden und Richtung Süden.

https://dorit-heck.de/

Ich wünschte, ich hätte das früher gewusst – mein Weg vom Hamsterrad zum entspannten Erfolg

von Bettina Ricarda Ramm

Im Frühjahr 2017 zog etwas in mir die Reißleine. Von einem Tag auf den anderen war die Luft raus, einfach so. Wobei *einfach so* natürlich nicht wahr ist.

Es hatte sich schon lange angekündigt.

Schon mit Anfang 20 beendete ich eines meiner ersten Arbeitsverhältnisse mit einem Tinnitus. Ich spürte ihn erst, als ich zur Ruhe kam. Ich hatte beschlossen zu studieren und den Job daher gekündigt. Wie anstrengend er gewesen war, realisierte ich erst, als es schon vorbei war.

Ich schwor mir, dass mir das nie wieder geschieht, nur um einige Jahre später erneut in den Strudel aus Ehrgeiz, überzogenen Anforderungen an mich selbst, Aufopferung und Stress zu geraten.

Als ich mich 2006 selbstständig machte, tat ich es vor allem für meine Kinder. Ich wollte Zeit für sie haben, für sie da sein, von zu Hause aus arbeiten können. Aber schon die Gründung war für mich geprägt von Selbstzweifeln, Angst und massivem Druck. Selbstgemacht freilich, aber ich konnte nichts dagegen tun.

Mein Sohn wurde Anfang 2007 geboren und bereits zwei Wochen nach der Geburt entwickelte er eine Art Neurodermitis. Meine Hebamme empfahl mir, verschiedene Nahrungsmittel wegzulassen. Ersatzprodukte für Milch und Weizen waren damals noch rar, daher führte dieser Vorschlag zu noch mehr Stress für uns.

Als voll stillende, bereits wieder arbeitende Mutter mit zwei kleinen Kindern war ich ständig gereizt. Dennoch stellte ich die Diagnose meiner Hebamme nicht in Frage. Ich fühlte mich schuldig, weil ich es nicht in den Griff bekam. Dabei tat ich alles, damit die Neurodermitis weggeht!

Aber die Neurodermitis dachte überhaupt nicht daran zu verschwinden, sie wurde immer schlimmer. Ich rannte von Arzt zu Arzt, wir waren sogar manchmal wochenlang in Kliniken. Dort lernte ich irgendwann, dass Stress der Hauptauslöser von Neurodermitis sei (wie von 95 % aller Krankheiten). Ich erkannte, dass das Hautbild meines Kindes vor allem davon abhängig war, wie es mir gerade ging.

Ich weiß noch, dass ich mich damals sehr wunderte – denn ich spürte den Stress überhaupt nicht. Es war mein normales Leben. Aber wenn ich ganz ehrlich in mich hinein fühlte, wusste ich: Ja, ich habe Stress. Und zwar nicht wenig.

Die Angst war wie ein dunkler Knoten in meinem Bauch

Viele Jahre lang beschäftigte mich die Frage: Wie kann ich meinen Stress reduzieren? Wie kann ich „machen", dass er weggeht? Irgendwie ahnte ich damals schon, dass Stress hausgemacht ist, also nicht von außen kommt, sondern in meinem Kopf entsteht.

Auf meiner Suche nach einer Antwort erkannte ich, dass hinter meinem Stress vor allem Angst und Selbstzweifel steckten. Wenn ich mit Hilfe eines Coaches näher hinsah, zeigten sich viele alte Wunden und schlechte Erfahrungen aus meiner Kindheit und Jugend. Mit verschiedensten Tools und Methoden begann ich, eine nach der anderen aufzulösen. Aber es war wie ein Fass ohne Boden.

Vor allem die Angst war allgegenwärtig. Ich spürte sie wie einen dunklen Knoten in meinem Solarplexus, aber ich konnte sie nicht benennen. Ich schien Angst vor allem und jedem zu haben: vor Versagen, davor, unnütz zu sein, es nicht zu schaffen, aber auch vor Erfolg. Vor Verlust, davor, mich zu zeigen, davor, meine Bedürfnisse zu äußern (oder überhaupt zu fühlen), aber auch davor, dass sie nicht erfüllt werden. Davor verlassen zu werden oder für immer festzustecken. Ich hatte ständig das Gefühl, einen Fehler gemacht zu haben. Ich fühlte mich sogar so falsch, als sei ich selbst ein einziger Fehler.

Doch nichts, was ich dem entgegensetzte, wirkte wirklich nachhaltig und in der Tiefe.

Heute weiß ich, dass ich durch meine Suche nach einer Lösung den Stress unbewusst aufrechterhielt und sogar anheizte. Denn weil nichts wirklich wirkte, fühlte ich mich schuldig – und diese Schuldgefühle erzeugten wieder Stress.

Ungeachtet dessen schien ich in der normalen Welt perfekt zu funktionieren. Ich hatte mein Business aufgebaut, mehrere Mitarbeiter eingestellt (darunter auch meinen Mann und meine Schwester), ein Haus gebaut, meine Kinder waren – mal abgesehen von der Neurodermitis – wirklich gut geraten, mein Hund war gut erzogen, mein Haushalt war aufgeräumt und sauber, mein Garten konnte sich sehen lassen und ich hatte sogar Zeit für ein Hobby!

Doch unter all dem war ich ruhelos und getrieben. Ich stand immer unter Strom. Ich musste in Bewegung bleiben, um meinen Schmerz nicht zu fühlen. In etwas richtig gut zu sein, gab mir Halt. Es war etwas, das ich kannte und von dem ich wusste, dass es in der Welt anerkannt wird.

Die ganze Zeit über erzählte ich mir, dass ich nicht mehr lange durchzuhalten bräuchte. *Nur noch, bis mein Business endlich richtig Geld abwirft. Dann wird alles leichter. Das weiß man ja: Wenn man nur genug Geld hat, kann man sich ein schönes Leben kaufen. Dann fällt all der Stress von einem ab, und alles wird wieder fröhlich und leicht.*

Schwarze Zahlen waren mein Anker, mein Ziel am Horizont, das mich durchhalten ließ.

Und dann war es 2016 endlich soweit: Mein Unternehmen schrieb richtig fette schwarze Zahlen. Ich hatte einen sechsstelligen Gewinn gemacht! Ein Traum wurde wahr – und ich fiel in ein Loch.

Denn gar nichts wurde leichter.

Anfang 2017 fand ich mich in einem Rechtsstreit mit einer ehemaligen Mitarbeiterin wieder, die ich entlassen hatte, weil ich mit ihrer Arbeit schon längere Zeit unzufrieden gewesen war. Die Vorbereitung auf den Gerichtstermin, der mehrmals verschoben wurde, war für mich absolut zermürbend und fraß fast meine gesamte Energie.

Zusätzlich hielt mich mein Unternehmen auf Trab. Damals kümmerte ich mich noch um beinahe alles selbst, weil es mir niemand gut genug machte. *Wenn es gut werden soll, muss man es selbst machen,* war mein Motto.

Dann hatte ich gleich im Januar einen Reitunfall, der zwar glimpflich ausging, aber sich doch wie ein Weckruf anfühlte. Ich wusste: *So kann es nicht weitergehen!*

Das Finanzamt wollte 40.000 Euro Steuern von mir, und mein Zahnarzt wollte mein gesamtes Gebiss sanieren. Ende Januar erhielt ich auch von ihm eine saftige Rechnung, von der ich einen Großteil selbst übernehmen musste.

Kurzum: Jeder hielt die Hand auf, ich musste mich um alles selber kümmern und ich ging gefühlt am Stock.

Als Mitte Februar auf der Gerichtsverhandlung entschieden wurde, dass ich im Recht war und keine weiteren Verbindlichkeiten meiner ehemaligen Mitarbeiterin gegenüber mehr habe, war es, als würde sich eine Schleuse öffnen. Oder ein Ventil.

Die Luft entwich, mein Kampfwille verpuffte, ich konnte nicht mehr.

Ich brauchte eine Pause, eine lange Pause. Am besten für immer.

Ich hatte keine Lust mehr auf mein Business, ich hatte keine Lust mehr auf mein Leben. Dieses ganze Hamsterrad ging mir plötzlich massiv auf die Nerven. Ich schuftete bis zum Umfallen, um genug Geld zu verdienen – aber wozu? Damit das Finanzamt und der Zahnarzt (und andere) die Hand aufhalten, weil sie etwas davon abhaben wollen? Damit ich Mitarbeiter einstelle, deren Arbeit ich dann mit erledige, weil sie es nicht gut genug tun? Damit ich Zeit für ein Hobby habe, das mir eigentlich – wenn ich ehrlich bin – schon lange keine Freude mehr schenkt, sondern nur ein weiterer Punkt zum Abhaken auf meiner endlosen Liste geworden ist?

Es gab plötzlich nichts mehr, worauf ich mich freuen konnte. Alles, was es zu erreichen gab, hatte ich erreicht. Ich fühlte mich, als hätte ich mich selbst verloren. Irgendwo auf diesem anstrengenden Weg des „Erwachsenseins".

Ich sehnte mich nach Freude in meinem Leben, nach tieferem Sinn in meinem Tun, nach kindlicher Leichtigkeit, nach einem Gefühl von Lebendigkeit. Aber ich hatte keine Ahnung, wo ich das finden sollte – im Geld lag es nicht, das wusste ich jetzt.

Gleichzeitig machte mir der Umstand, dass ich nicht mehr funktionierte, große Angst. Ich ging nicht mehr zur Arbeit, weil mir die Kraft fehlte. Ich saß manchmal tagelang herum und weinte. Ich konnte mich nicht um den Haushalt kümmern – mein Kopf wollte, aber mein Körper weigerte sich. Und das machte meinem Kopf Panik.

Lange nannte ich es einen „Burn-out". Heute weiß ich: Das war kein Burn-out, sondern ich hatte etwas gesehen. Ich hatte gesehen, dass dieses Jagen nach Dingen im Außen, nach denen es sich in unserer Gesellschaft vermeintlich zu jagen lohnt – eine Familie, ein Haus, einen guten Job und viel Geld –, mich nicht erfüllte. Es fraß mich auf. Ich wollte viel mehr bewirken, wirklich etwas verändern in dieser Welt. Ich wollte mein Leben nicht auf äußeren Status stützen. Ich wollte das Leben fühlen.

Aber ich wusste nicht, wie das geht.

Ich machte eine Coaching-Ausbildung, weil ich den Wunsch danach schon lange in mir trug. Ich hatte ihn immer wieder beiseite geschoben mit dem Gedanken: „Coach? Ich doch nicht!"

Jetzt kam meine innere Rebellin zum Vorschein und fragte: „Warum nicht?"

Doch nach der Coaching-Ausbildung war alles gleich, außer dass ich ein Zertifikat in der Hand hielt. Ich sah mich um und fragte mich: und nun?

Dank meines Mannes und meiner Schwester lief mein Business in dieser Zeit weiter. Ich arbeitete darin auch mit, so gut ich konnte. Doch es schien alles immer schlechter zu werden. Die Umsätze gingen zurück. Ich traf einige Entscheidungen, die dazu führten, dass Kunden uns verließen. Ich musste meine Mitarbeiter entlassen, bis wir nur noch zu dritt waren.

Dann kam Covid-19. Während es für andere in unserer Branche (wir machen Webseiten und Online-Shops) richtig bergauf ging, fielen wir in ein weiteres Tal. Unsere Umsätze gingen beinahe auf Null zurück und ich entschied mich, das große, teure Büro aufzugeben und zurück ins Home-Office zu ziehen, wo meine Selbstständigkeit begonnen hatte. Das Ende?

Nein.

Das Leben ist viel einfacher und freundlicher, als es oft scheint

Bereits vor dem Lockdown hatte mich das Leben sachte, aber unnachgiebig zu den Drei Prinzipien geführt. Das Erste, was ich erkannte, war, dass ich genug bin. So wie ich bin. Dass ich gar nichts ändern muss, weder an mir noch an meinem Leben. Das tat unglaublich gut.

Dann sah ich, dass das Leben nicht so ist, wie wir denken. Dass es eine Illusion ist, die sehr echt wirkt. Dass alles immer viel einfacher und freundlicher ist, als es zu sein scheint. Und dass es einen Ausweg gibt, egal wie verworren und schmerzhaft unsere Vergangenheit auch gewesen sein mag.

Mit diesem tiefen Wissen, das neu und gleichzeitig uralt für mich war, erhielt ich einen Anker für meinen Alltag, mit dem ich mich sicher fühlte, egal was im Außen geschah.

Doch ich wusste, dass es noch mehr für mich zu sehen gab. Der empfundene Stress und das angestrengte Streben waren zwar weniger geworden, aber sie blühten immer wieder auf. Ich fühlte, wie es mich zu noch mehr Ruhe, noch mehr tiefem Verstehen, noch mehr Wahrheit zog.

Ich buchte ein Coaching und mehrere kleine Programme bei 3P-Coaches, las Bücher und sah mir Videos an. Ich spürte, wie ich immer ruhiger wurde. Nicht in jedem Moment, aber insgesamt wurde mein Leben stiller und gleichzeitig bunter, heller und größer.

Ich erkannte, dass alles Müssen ein in Gedanken kreiertes Konstrukt ist, das in Wahrheit nicht existiert. Ich experimentierte damit, es loszulassen. Ich spürte Angst vor dem Unbekannten, aber die Drei Prinzipien gaben mir Halt und ließen die Angst weniger wichtig und weniger bedrohlich erscheinen. Schließlich entschied ich mich für eine weitere Coaching-Ausbildung, diesmal im Rahmen der Drei Prinzipien.

Während ich dies schreibe, befinde ich mich im fünften Monat dieser Ausbildung, und ich bin mir unglaublich dankbar, dass ich bei der Entscheidung dafür auf meine innere Weisheit gehört habe. Vor fünf Jahren hatte ich nicht einmal gewusst, dass ich über eine solche Weisheit verfüge. Dass sie immer da ist, dass sie mich führt, selbst dann, wenn ich sie nicht fühle.

Nachdem ich einige Jahre wie im Leerlauf und im Nichtfunktionieren verbracht habe, was mich teilweise fasziniert und dann wieder enorm geängstigt hat, erlebe ich in diesen ersten Wochen des Jahres 2022 eine Wende: Ich habe plötzlich wieder große Ziele und Lust, etwas zu bewirken. Aber die Energie ist anders. Es geht nicht mehr darum, mich zu behaupten oder zu beweisen. Es geht um die Freude, etwas zu kreieren.

Der Umsatz in meinem Business hat sich erholt und es läuft wieder – aber viel entspannter und beinahe ohne mein Zutun. Ich habe ein zweites Business, in dem ich Menschen helfe, ihre innere Weisheit zu finden, und vielleicht bald noch ein drittes. Das ist noch nicht alles – überall entstehen auf einmal Projekte, die mich begeistern und erfüllen.

Alles geht wie von selbst

So vieles ist heute für mich möglich, worüber ich früher nicht mal nachgedacht hätte. Ich sehe Möglichkeiten, wo früher keine waren – weil da meine selbst gebaute gedankliche Mauer stand.

In meiner Familie herrscht eine nie gekannte Nähe und Ruhe, und die Neurodermitis ist zwar (noch) nicht weg, aber sie beherrscht unser Leben nicht mehr. Sie wirft keinen dunklen Schatten mehr auf unser Zusammenleben. Und ich weiß: Wenn die Zeit reif ist, wird sich eine Lösung zeigen.

Der dunkle Knoten aus Angst in meinem Bauch ist einfach verschwunden. Ich weiß nicht genau, wann das passiert ist. Eines Tages war er einfach nicht mehr da. Wenn er doch einmal zurückkommen sollte, dann weiß ich: Alte Gedanken sind am Werk. Ich brauche damit nichts zu machen.

Ich fühle mich wie ein Kind, das auf den Spielplatz läuft, sich fasziniert zwischen den Spielgeräten umschaut und überlegt, welches es heute ausprobiert. Vor diesem Zustand hatte ich immer Angst. Ich glaubte, ich würde zu wankelmütig werden, jeden Tag ein anderes Ziel haben, Anstrengungen scheuen und schließlich unter der Brücke landen.

Doch meine heutige Realität sieht anders aus: Ich fließe durch den Tag und kümmere mich um das, was gerade dran ist. Ich verfolge meine Ziele nicht mehr verbissen und mit Scheuklappen vor den Augen, sondern neugierig und verspielt. Wenn ich auf etwas gerade keine Lust habe, hat das keine Bedeutung – denn ich fühle meine innere Weisheit und spüre, ob etwas dran ist oder nicht.

Es ist, als würde ich nicht mehr mein Leben leben, sondern das Leben mich.

Manchmal wünschte ich, ich hätte all das früher gewusst. Aber auch das ist nur ein Gedanke. Und Gedanken sind niemals absolut wahr. Alles kommt immer genau zur richtigen Zeit.

***Bettina Ricarda Ramm** ist Mutter, Chefin, Marketing-Expertin und hat einen ganzen Stall voll Tiere. Wenn sie nicht gerade Kutsche fährt, beruhigt sie gestresste Unternehmerinnen und hilft ihnen, mit Ruhe und Vertrauen der inneren Führung zu folgen und so mühelos erfolgreich zu sein. Ihr Seelenpferd Charismo ist ihr größter Mentor, denn mit Druck geht bei ihm gar nichts. Zum Glück geht müheloser Erfolg komplett druckfrei.*

www.bettinaramm.com

Fragmente einer Wandlung

von Klara Willinek

Teil eins: die Flamme

Ich bin an einem dunklen Ort. Am Ende von über zwei Jahren mit Klinikaufenthalten, auf der Suche nach einer Lösung, wie das Leben geht, aber das Leben geht immer weniger, ich bin immer weniger: nur noch Haut, Knochen, Angst und Zwang. Ich will und kann nicht mehr leben. Ich kann nichts mehr anfassen, ohne mir die Hände desinfizieren zu müssen, mich nicht mehr hinsetzen, ohne Mantel und Plastikfolie unterzulegen, kann kaum mehr etwas essen. Fühle nur noch Ausweglosigkeit. Angekommen hier, in der Psychiatrie, einem Ort, der sich für mich wie das Ende anfühlt. *Wenn ich bis jetzt noch gelebt habe, dann werde ich hier endgültig zu Tode verseucht*, ist mein Gedanke. Und dass es unmöglich ist, hierzubleiben. Das Bett, die Dusche, die Menschen – alles ist kontaminiert.

Ich fühle mich wie im Gefängnis. Innerlich wie äußerlich. Es gibt kein Entkommen. Gleichzeitig gibt es nur noch diese eine letzte Chance. Gibt es sie? Überhaupt irgendeine Chance? Oder nur Wutausbrüche, Tobsuchtsanfälle und noch mehr Verzweiflung?

Ich schaue aus dem Fenster, sehe draußen das Leben an mir vorbeiziehen und fühle mich nicht mehr als Teil davon. Ich sehe

Kinder, die Eis essend und lachend auf einer Bank sitzen, in den ersten Frühlingssonnenstrahlen. Doch ich fühle mich wie unter einer Glasglocke gefangen, die keinen Lufthauch hindurch lässt.

Und dann, ausgerechnet an diesem Ort, höre ich etwas, das ich in allen vorherigen Kliniken und Therapien nicht gehört habe. Bisher ging es nämlich immer darum, mit aller Gewalt mein Verhalten ändern zu müssen, von dem ich doch überzeugt war, dass ich nur damit überleben kann. Hier gibt es plötzlich einen neuen Ansatz, genannt MCT (Metakognitive Therapie): DAS DENKEN ÜBER DAS DENKEN.

Etwas in mir springt sofort darauf an. Meine Ärztin sagt zu mir, ich hätte keine Distanz zu meinen Gedanken – und es ergibt so viel Sinn. Ich kreiere mir ständig meine eigene Realität und glaube sie, handle danach und kämpfe dagegen gleichermaßen. Das verursacht unendlich viel Leid.

Ich denke, ich bin mein Denken. Das ist mir nicht völlig neu, aber plötzlich kann ich es sehen und erfahren. Ich spüre, dass ich so mein destruktives Verhalten nicht ändern KANN.

Zusätzlich erfahre ich hier Vertrauen: „Wir wollen Ihnen helfen, aber wir müssen Ihnen vertrauen können, dass Sie nicht weiter abnehmen. Sie müssen nicht zunehmen, aber das müssen Sie uns gewährleisten, sonst geht es nicht“, heißt es. Das Meiste von dem, was ich vorher erlebt habe, fußte auf Misstrauen und dem Blick auf einen kranken, gebrochenen Menschen. Ich erlebte es, mein Patientenzimmer über Wochen nicht verlassen zu dürfen und beim Essen stets gezwungen und kontrolliert zu werden. Weil ich, so sagten alle, derartig krank sei, dass ich keine Verantwortung für mich übernehmen könne – und es lag ja auch Wahrheit darin. Doch das Vertrauen hier ist ein Perspektivwechsel und öffnet mir die Tür einen kleinen, ganz kleinen Spalt. Ich sehe, was in meinem Kopf abläuft, ich erlebe Vertrauen, es beginnt sich etwas zu verändern.

Dann, eines Nachts, wache ich auf. In diesem Bett, in das ich mich in den ersten Nächten nicht einmal hineinlegen konnte. In dieser Nacht wache ich auf und ich spüre eine Kraft in mir – wie eine kleine Flamme im Zentrum meines schwachen

Körpers. Ich spüre sie, sie ist da, ich kann mich mit ihr verbinden. Ich spüre ein Wissen jenseits des Verstandes. Es ist wohl das, was ich heute meinen „inneren Kompass" nenne. Da ist etwas in mir, das mehr ist als all mein Denken und Leiden, eine Essenz, mit der ich mich verbinden kann. Sie ist in mir und um mich herum. Von dieser Nacht an weiß ich, was zu tun ist. Weiß die drohenden Gedanken und Emotionen auszuhalten, die mich daran hindern wollen, hierzubleiben. Und es sind einige. Von dieser Nacht an nehme ich zu, Kilo um Kilo. In meinem eigenen Tempo, und aus meiner inneren Motivation heraus. (Und ohne danach wieder abzunehmen, das erste Mal in meinem Leben.)

Das ist wohl der Beginn meines Weges.

Heute, vier Jahre später, habe ich viele dieser Gedanken von damals immer noch. Aber ich BIN sie nicht mehr. Das Konzept „dünne Klara" existiert nicht mehr. Ich weiß und nehme in jedem Moment wahr, dass ich so viel mehr bin. Und ich habe das Vertrauen, dass ich leben kann.

Teil zwei: vom Suchen und Finden

Es ist ein trister, zielloser Abend im März 2021, an dem ich mich an meinem Laptop wiederfinde, auf der Suche nach etwas, zugleich wissend und nicht wissend, was ich da eigentlich suche.

Seit meinem letzten Klinikaufenthalt und diesem Abend sind einige Jahre verstrichen, in denen ich mir, Schritt für Schritt, mit viel Mut und Durchhaltevermögen meinen Weg ins Leben zurückerobert habe und immer noch erobere. Seit diesem ersten wahrnehmbaren Beginn der Veränderung fühlt es sich an wie das Umdrehen einer kleinen Sanduhr, die so langsam und leise fließt, dass ich es kaum bemerke. Ich habe so viel schon für mich erkannt, und gleichzeitig gibt es noch etliche "Baustellen". Es gibt immer neue Herausforderungen im Außen, die mich im Inneren auf die Probe stellen. . Bis heute bewundere ich mein Wagnis, wenige Monate nach dem letzten Klinikaufenthalt in eine Wohngemeinschaft mit einem fremden Mann zu ziehen.

Entgegen all meiner Ängste und Überzeugungen. Doch in dem tiefen Wissen, dass es mir nur im Leben gelingen kann, zurück ins Leben zu kommen, mit allen Risiken, die dazu gehören. Niemals in meiner sterilen Isolation, die ich selbst und in Gedanken gebaut habe.

Als dann eine neue Herausforderung wie eine Lawine im Eiltempo auf uns alle zurollt, akzeptiere ich, dass ich wieder einen Schritt zurückzugehen muss: Es gibt plötzlich dieses neuartige Virus, das all meine düsteren gedanklichen Szenarien bewahrheitet und real werden lässt. Nun wohne ich vorübergehend wieder in meinem Elternhaus, in Sorge um meine Eltern, die ich in dieser ungewissen, isolierenden Zeit weiter sehen und nicht gefährden will. An diesem Abend der Suche bin ich dort, und obwohl es ein beliebiger Tag ist, wird er zum Ankerpunkt meines weiteren Weges.

Ich habe so viel gewonnen, und dennoch fehlt mir etwas: ein Ziel, ein Sinn, Menschen, mit denen ich mich austauschen und von denen ich lernen kann. So klicke ich mich durch das World Wide Web, ziellos zielstrebig, bleibe hängen bei einem Gesicht, einem Verständnis darüber, wie wir Menschen funktionieren, das ich so noch nie gehört habe … ich spüre da etwas, dieses Gesicht berührt mich und das macht mich neugierig. Es ist ein Impuls, dem ich folge, ein Ziehen, nichts Rationales.

Schon kurze Zeit später nehme ich Kontakt auf, führe ein Gespräch, lerne die Menschen dahinter kennen. Und wieder kurze Zeit später entscheide ich mich für eine Coachingausbildung. Anfangs noch mehr mit starken Zweifeln, ob ich jemals selber coachen werde. Trotz anfänglicher Widerstände meines Kopfes darf ich meiner Neugier folgen, mich dafür öffnen, mehr erfahren. Trotz alter innerer Widerstände darf ich einen Glauben entdecken in etwas Höheres.

Langsam beginne ich, einen immer fester werdender und zur gleichen Zeit dynamisch bleibenden Boden unter meinen Füßen zu spüren, der anfängt mich zu tragen. Und getragen fühle ich mich auch von den Menschen, die ihre Erkenntnisse und Weisheit mit mir teilen. Die meine Essenz sehen und nicht meine klinischen Diagnosen.

Dank dieses Fundaments schaffe ich es zunehmend, Herausforderungen zu meistern, die mir bis dahin nicht zu bewältigen scheinen. Inzwischen habe ich wieder eine eigene Wohnung, nach etlichen Jahren kann ich wieder arbeiten und inzwischen sogar wieder Menschen umarmen. Den Impuls, wieder in eine Klinik zu müssen, hatte ich schon lange nicht mehr!

Heute sehe ich meine Erfahrungen als einen Schatz, den ich gerne an Menschen weitergeben möchte und der mich zu der Klara macht, die ich bin, hier und jetzt.

Teil drei: Was es ist

Manchmal frage ich mich, was eigentlich anders ist. Was es ist?

Ich sitze in meiner lichten, kleinen Wohnung und warte darauf, dass die Waschmaschine fertig geschleudert hat. Früher wäre ich voller Anspannung in den Gliedern gewesen, hätte kaum geatmet in der Erwartung, eben diese Wäsche wieder und wieder waschen zu müssen. In den ewigen Kreislauf der nicht enden wollenden, real scheinenden Zwangsgedanken einzusteigen. Am Ende des Tages hätte ich literweise Waschmittel, Desinfektionsmittel und Gummihandschuhe verbraucht und wäre völlig erschöpft mit wunden Händen zu Boden gesunken, hoffnungslos. Ach nein, nicht der Boden, den durfte ich in dieser Zeit nicht einmal berühren.

Ich hätte wie so oft gedacht, dass meine Befürchtungen wahr sind und Leben unmöglich ist. Und für mich waren sie sowas von wahr.

Heute sitze ich recht entspannt und schreibe und nehme nur das Summen der Trommel als Hintergrundgeräusch wahr. Ich atme und höre die Vögel draußen zwitschern. Es ist Sonntag. Ein sonniger, unspektakulärer Tag – und ich fühle mich nicht besonders gut. Ich habe eine Liste von Dingen in meinem Kopf, die erledigt werden wollen, das Gefühl allein zu sein, stimmt mich traurig. Morgen geht meine Arbeit wieder los und ich bin unzufrieden damit und denke, dass ich etwas Neues finden muss. Ich stecke in Geldsorgen und Corona wütet noch immer wild um uns herum. Seit einigen Wochen ist Krieg in Europa, und ich bin kaum in der Lage, Nachrichten zu lesen, weil ich das alles so schlecht konfrontieren kann. Das, was da gerade in der Welt geschieht, erschüttert mich so sehr in meinen Grundwerten, dass es mir schwer fällt, den Alltag fortzuführen.

Das klingt erst einmal nicht wie ein Zustand, der Mut machen soll, der wünschenswert ist. Und dennoch: Ich möchte heut hier sein und leben! MIT allem. Sogar mit den beängstigenden Gedanken und bedrohlichen Gefühlen, die ich früher weg haben wollte. Ich habe so viel mehr Freiheiten als früher.

Ich bin nicht mehr so sehr im Widerstand mit den Dingen, die ich gerade im Moment nicht ändern kann. (Wie erleichternd zu sehen, dass ich keine destruktiven Lösungen mehr für meine Gefühle brauche!)

Ich kann wieder Liebe empfinden. Ich kann überhaupt vieles empfinden, was ich nicht für möglich gehalten hätte. Damit meine ich nicht Wut, Leid, Trauer, Selbsthass, Verzweiflung und Einsamkeit. Sondern viele schöne, zarte, helle Facetten von Gefühlen. Glück wäre zu groß gesagt, auch von Erleuchtung fühle ich mich weit entfernt. Aber was wäre, wenn das gar nicht das Ziel wäre? Was wäre, wenn ich schon lange genug erreicht hätte, für dieses Leben und um der Welt etwas zurückzugeben? Das ist es, was heute ist.

Und ist das nicht unglaublich viel?

Ich kann wieder im Moment sein. Die Zeit vergessen, wenn auch nur für ein paar Minuten oder sogar auch mal ein paar Stunden. Für einen Moment präsent sein, im Sein. Verbundenheit spüren. Das ist so viel.

Ich kann mich mit meiner Kreativität verbinden und ihr vertrauen, dass sie da ist, mich nicht im Stich lässt. Daraus entstehen Dinge, die mich selbst berühren. Hätte ich das während meines Studiums gewusst – es hätte mir so viel Leid und Druck erspart.

Es gibt natürlich auch die Momente und Tage, an denen ich

mit diesem Gefühl von klebriger Schwere aufwache. Sie ist ein Teil des Lebens, wie der Schatten und der Regen. Und immer kommen die Leichtigkeit und das Licht zurück, ganz von alleine. Seitdem ich das weiß, kann ich mit diesen schweren Tagen sein.

Seitdem ich das weiß, habe ich auch keine Angst mehr vor der Angst, vor unkontrollierbaren Emotionen, vor Panik und depressiven Gedanken. Auch sie finde ich inzwischen nicht mehr so bedrohlich, denn sie lösen sich, früher oder später, wieder in ihre einzelnen Moleküle auf und ziehen vorüber. Ich bin durchlässiger geworden.

Es gibt eine Art Grundzustand, zu dem ich immer wieder und immer schneller zurückkommen kann, auch wenn das Pendel manchmal in die ein oder andere Richtung sehr stark ausschlägt. Wenn ich durch die Zwänge funktioniere und zum Roboter werde, verurteile mich nicht mehr dafür.

Auch wenn es manchmal vom Alltag, dem Weltgeschehen und immer noch von zu viel Denken verschüttet ist: In meinem Kern bin ich voller Hoffnung und Zuversicht.

Ich bin so vielen wundervollen Menschen dankbar, die mich auf meinem Weg begleitet haben und weiter begleiten, auch in den dunklen Zeiten. Die mir neue Inputs geben, nicht müde werden ihre Erfahrungen zu teilen und mich erinnern an das, was IST.

Auch den Menschen bin ich dankbar, die ich nicht kenne, die die Welt mit ihrer positiven Kraft und ihren positiven Energien bereichern, gerade in diesen Zeiten. Ich bin dankbar zu erfahren, dass ich Teil dieses unendlichen Systems bin, dass ich in jedem Moment vom Boden getragen werde und mein Körper atmet.

Und ich bin mir selbst dankbar, diese kleine Flamme in mir immer gesehen zu haben, immer an sie geglaubt zu haben, auch wenn mein restlicher Körper fast erfroren war.

Zuletzt bin ich diesem meinem Körper dafür dankbar, dass er mir so viel verziehen hat und den ich nach vielen Jahren des

Hungerns wieder nähren darf. Heute zeigt ER mir, wo es langgeht, bremst mich aus, holt mich runter. Das ist sehr schmerzhaft und erfordert viel Geduld. Ich sehe, wie klug er ist, sich das zu nehmen, was er jahrelang entbehrt hat.

Ich schaue auf. Es ist so still um mich herum geworden. Ich lausche in die Stille, spüre mein Herz leise schlagen. Die Waschmaschine ist fertig, ich habe sie vergessen.

Klara Willinek *ist Verwandlungskünstlerin auf allen Ebenen: heute als transformative Coach, früher als Kostümbildnerin und allezeit als Lieblingsfriseurin ihrer Freunde und Verwandten. Nach jahrelangem, zwanghaftem Hungern und Putzen sowie etlichen Klinikaufenthalten half und hilft ihr die Erkenntnis zurück ins Leben, dass sie so viel mehr ist als die Konzepte in ihrem Kopf. Sie tankt Kraft in der Natur und beim leidenschaftlichen Konsum von Roter Bete.*

Du erreichst die Autorin unter der E-Mail-Adresse: coaching@willinek.com

Die drei magischen PS und die schönste Frau der Welt

von Kerstin Wolff

Der Einfachheit und der ausgleichenden Gewichtslage halber spreche ich hier formell nur die weibliche Leserin an. Natürlich ist auch der männliche Leser genauso herzlich zu dieser Geschichte eingeladen wie auch die männliche Leserin und der weibliche Leser. Und auch, wenn du dich in keiner dieser Formen gesehen fühlst, bist du trotzdem gemeint und herzlich willkommen! Schließlich bist du ja hier – ganz unabhängig davon, wer du gerade zu sein glaubst.

Mein erster tiefer Einblick in den Inside-out-Beautysalon des Lebens

Dieses ist eine wahre Geschichte, wie es märchenhafte Geschichten eben sind. Ich habe sie wirklich getroffen, die schönste Frau der Welt!

Doch vorab kurz zu den 3 PS, sprich: „Drei Pees". Gemeint sind damit die Drei Prinzipien – die Großschreibung des S ist nur den Pferdestärken der Drei Prinzipien geschuldet, dazu später mehr. Um die 3 PS dieser Geschichte möglichst gut zu nutzen, kannst du sie, in Form eines Dreiecks aufgestellt, als Pfeiler in deinem Grund verankern. Wenn du einen kurzen Blick auf die Beschaffenheit der Pfeiler nehmen willst, lies den nächsten Absatz weiter. Wenn es dir reicht, zu wissen, dass es unendlich solide Pfeiler sind, kannst du deine Aufmerksamkeit gleich zum übernächsten Absatz hüpfen lassen.

Der erste Pfeiler „Lebenskraft" (Mind) garantiert dir als Lebensprinzip, dass du von der spirituellen Energie durchdrungen bist, durch die sich alles Leben entfaltet. Du bist als Teil dieser allmächtigen Energie vollkommen eins damit und damit auch eins mit allem und allen anderen. Der zweite Pfeiler „Schöpferkraft" (Thought) versorgt dich unablässig mit der formlosen kreativen Energie, aus der du deine persönliche Wirklichkeit mittels Gedankenformen kreierst, aus denen du dann jederzeit auch etwas mehr oder weniger „Handfestes" (Beziehungen, ein Mittagessen, eine Skulptur) erschaffen kannst. Der dritte Pfeiler dieses Grundgerüstes ist „Bewusstsein" (Consciousness). Es bietet dir den notwendigen Raum zum Erleben und das Gewahrsein desselben. Was ein Kino für einen Film ist, das ist Bewusstsein für dein Erleben. Drumherum gibt es unterschiedliche Grade des Gewahrseins darüber, dass du dich in einem Kino befindest und einen durch deine Schöpferkraft gemachten Film siehst.

An diesen drei Grundpfeilern spannst du nun deine Hängematte auf. Doch, doch, du hast eine! Du bist mit ihr auf die Welt gekommen. Vielleicht hast du sie nur länger nicht benutzt und vergessen. Es ist die, in der du beim Märchenhören gelegen hast. Es ist die, in der du dich und dein Leben schon immer in einem entspannten Zustand genossen hast. Ja, das mag länger her sein … Die Dreiecksform sorgt dafür, dass du ganz viel Liegefläche hast. Da ist viel offener Raum und Platz für Wunder.

Lege dich nun hinein und schaukele sanft im wohligen Gefühl deiner selbst. Sinke tiefer und tiefer in dieses Gefühl, und wenn es nicht möglich scheint, noch weiter zu versinken: Lies! Wenn du keine Lust hast zu lesen, bleib einfach in diesem Gefühl. Die Wirkung der Geschichte entfaltet sich auch ohne sie zu lesen! Es ist schließlich eine magische Geschichte. Sei also ganz beruhigt und sacke noch ein bisschen tiefer in dein Gefühl, in dich selbst hinein. Du kannst es nicht falsch machen – auch wenn du vielleicht denkst, dass du wieder die Einzige unter der Sonne bist, die sogar das verbocken könnte.

Die Geschichte mit den drei magischen PS fing so an: Es war einmal ein schottischer Schweißer mit sehr knapper Schulbildung, der hatte plötzlich eine tiefe Erkenntnis, auf Dreipeeisch „Insight" genannt (Dreipeeisch ist eine im Kreise dieses Verständnisses gesprochene Sprache, die durch einige sehr häufig verwendete Ausdrücke gekennzeichnet ist – und Insight, also zu Deutsch Einsicht, ist einer davon). Der schottische Schweißer hatte in einem Augenblick etwas gesehen, das vorher für ihn unsichtbar gewesen war. Seine Welt war danach immer schöner und das Leben leicht und glücklich geworden. Als er tiefer schaute, sah er immer mehr. Er wollte allen davon erzählen, was er gesehen hatte. Er sprach zu den Leuten, wohl wissend, dass das, was er sah, nicht sagbar, nicht mit Worten auszudrücken war. So streute er hier und da ein: „Hört nicht auf meine Worte!" Zudem ermunterte er dazu, auf das Gefühl zu achten. Tatsächlich verstand wohl niemand so recht, was er da eigentlich sagte. Aber die Menschen kamen wieder, um ihm zuzuhören, und fühlten sich danach besser und besser. „Geht nach Hause, nehmt das gute Gefühl mit und seid glücklich!", sagte er. Und wenn sie nicht gestorben sind … Ja, tatsächlich sind viele, die ihn hörten, noch mehr als lebendig, tragen das gute Gefühl noch immer in sich und vermehren es, indem sie nun uns davon erzählen.

Für mich fing die Geschichte ein paar Jahrzehnte später so an: Eines Tages erhielt ich neben einem Dutzend Newsletter, Links zu Onlinekongressbeiträgen und dem, was den elektronischen Postkasten einer Suchenden sonst noch so vollstopft, eine E-Mail von Michaela Thiede. Michaela hatte in der Vergangenheit zahlreiche Klopf-Kongresse organisiert und ich hatte nach ihrer Anleitung begeistert Gänseblümchen- und Pippi-Langstrumpf-Energie geklopft. In diesem Newsletter aber stand in etwa: „Schluss mit Tools und Techniken! Ich habe etwas viel Besseres gefunden. Bald mehr!" Wow! Ausgeklopft! Dieser radikale Schlussstrich versprühte Energie. Ohne eine Ahnung davon zu haben, was Michaela da entdeckt hatte, war ich absolut sicher, dass sie das Richtige, das einzig Mögliche getan hatte. Natürlich war ich neugierig, was sich hinter dieser Entdeckung verbarg. Netterweise hatte Michaela bereits eine große Ressourcensammlung angelegt, damit sich jede selbst auf Schatzsuche begeben konnte. Da gab es viele, meist englischsprachige Bücher und es gab Videos mit Vorträgen von diesem erwachten schottischen Schweißer namens Sydney Banks. Die Videos waren für mich dann erst mal nicht so zündend. Also ein Buch? Da ich inmitten einer Bücher-Wohngemeinschaft lebe, bin ich gewohnt, dass alle paar Tage ein neues Buch hier einzieht. „The Enlightened Gardener", auf Deutsch „Der erleuchtete Gärtner", das hörte sich gut an. Aber auch dieser erleuchtete Pflanzen- und Menschenfachmann kam aus den Buchseiten nicht so recht heraus zu mir. Als Nächstes schaute ich bei Youtube. Dort tauchten dann nach und nach viele Gesichter der Drei-Prinzipien-Community auf, junge und alte, schwarze und weiße, geschminkte und ungeschminkte. Eines aber hatten all diese Gesichter gemeinsam: Ich fühlte mich gut in ihrer virtuellen Gesellschaft. Sie strahlten so eine Wohligkeit aus, ja, es lag etwas Schönes in ihnen. Irgendetwas war da, dem ich, von unsichtbaren Fäden gezogen, immer weiter folgte.

Die Botschaften blieben für mich recht diffus, vor allem die Sache mit den sogenannten Drei Prinzipien, den 3 PS. Vieles kam mir aus meiner Bücher-WG zwar irgendwie bekannt vor, aber so richtig erschlossen sich mir diese Prinzipien beim besten Willen nicht. So konnte ich auch niemandem erklären, mit was ich mich da eigentlich beschäftigte. Mein Umfeld war von mir gewohnt, dass ich mich mit wechselnden, mal mehr, mal weniger merkwürdigen Dingen befasste, aber diesmal war es besonders unbeschreiblich.

Ein paar Youtube-Beiträge später tauchte „Deep Listening" (Tiefes Zuhören) auf – und damit Mavis Karn. Mavis war zum Zeitpunkt meiner Entdeckung einundachtzig Jahre alt und zog mich sofort in besonderem Maße in ihren Bann. Ich guckte alles, was ich von ihr finden konnte. Das war allerdings überschaubar. Es gab keine Bücher von ihr, keine Webseite und auf eine E-Mail-Adresse stieß ich eher zufällig. Nachdem ich dann alle Beiträge mit Mavis mehrfach in mich aufgesogen hatte, streckte mir das Leben eines Tages völlig unerwartet strahlend ein Silbertablett entgegen. Darauf lag die Einladung zu einem vierteiligen Kurs mit Mavis, der am übernächsten Tag starten sollte. Das war eine Einladung, die ich nicht ausschlagen konnte. Morgens um sechs buchte ich diesen meinen ersten Drei-Prinzipien-Kurs. Fast zeitgleich mit meiner Freude tauchte allerdings die Befürchtung auf, dass ich da vielleicht etwas sagen müsste – und zwar auf Englisch! Der Kurs wurde dann um eine Woche verschoben, viel Zeit für meine Befürchtungen, sich weiter aufzutürmen. An einem Donnerstagnachmittag um 17 Uhr war es dann soweit. Meine Gespanntheit, meine Angespanntheit und ich saßen gebannt vor dem Bildschirm. Ich war darauf gefasst, jeden Moment in eine Äußerungsnotwendigkeit katapultiert zu werden. Mavis aber fragte immer in die Runde und glücklicherweise fanden sich stets Redewillige. Die geistige Frische, mit der sie auf Fragen antwortete und etwas Passendes aus ihrem Leben erzählte, faszinierte mich. Ich schwelgte in ihrer Präsenz. Ich entspannte mich etwas, blieb aber vorsichtshalber bis zum Schluss auf der Hut.

Es passierte dann ganz plötzlich ein oder zwei Wochen später, ohne dass es sich für mich erkennbar angebahnt hätte. Wie immer teilten einige Teilnehmerinnen ein Erlebnis oder stellten eine Frage. Mavis antwortete darauf wie gewohnt mit einer Klarheit und Einfachheit, die mich stets aufs Neue begeisterten. Sie erzählte gerade von den Spuren des Alters, als es geschah. Sie sprach von den Altersflecken, die die Zeit in ihr Gesicht gemalt hatte. Und während sie so sprach, überflutete mich inmitten des Lauschens unvermutet eine Welle – eine Welle wunderschönen, ehrfürchtigen Gefühls. Und da sah ich es mit aller Klarheit aufblitzen: Dies war die schönste Frau, die ich jemals gesehen hatte. Das konnte ich mit jeder Faser meines Herzens fühlen. Mavis hatte sich in ein funkelndes Meer der

Liebe verwandelt. Ich sah die Liebe aus ihr fließen. Aus meinem eigenen Meer bildeten sich Tränen in meinen Augen. Nach mehr als fünfzig Lebensjahren sah ich zum ersten Mal so bewusst die Schönheit absoluter Liebe in menschlicher Gestalt. Dies war eine besondere Schönheit, nicht recht von dieser Welt. Es war ein anderes, aus Zeit und Raum gefallenes Reich, in das ich da plötzlich versunken war. Das Reich, in dem der kleine Prinz neben dir steht und sagt: „Siehst du, das meine ich mit ´Man sieht nur mit dem Herzen gut´." Die Essenz einer solchen Wahrheit hatten du und ich ja schon immer irgendwie vage gespürt, aber nun hatte sich die volle, warme Woge dieser Erkenntnis in mir gebrochen, als ich in dieser einundachtzigjährigen Frau die überwältigende Schönheit der Liebe sah.

Als ich auf der Suche nach Ideen für diese Geschichte so im Gedanken-Treibgut vor mich hin stöberte, tauchte völlig unerwartet blitzschnell eine Erinnerung aus all den Jahrzehnten auf. Es muss in den Siebzigern gewesen sein. Während Sydney Banks auf Salt Spring Island den Leuten gerade von „love, happiness und peace" erzählte, saß ich, wie du vielleicht auch, vor dem Fernseher und schaute die „Sesamstraße". Dort wurde mit diesen Sesamstraßenpuppen (du weißt schon, den Verwandten der Muppets, die manchmal keine Nase haben) die Geschichte eines Kindes erzählt, das seine Mutter verloren hatte. Dieses verirrte und verwirrte Kind fragt die Leute: „Habt ihr meine Mutter irgendwo gesehen?" Und die Leute fragen zurück: „Wie sieht sie denn aus, deine Mutter?" Daraufhin erklärt das Kind: „Meine Mutter ist die schönste Frau der Welt!" Die Leute machen sich umgehend auf die Suche, kehren schließlich mit dem Topmodel des Dorfes zurück und fragen: „Ist das deine Mutter?" „Nein!", erwidert das Kind entrüstet, „Meine Mutter ist viel schöner! Sie ist die schönste Frau der Welt." Nachdem alle Schönheiten der umliegenden Dörfer und Städte angeschleppt wurden und alles verloren scheint, kommt schließlich eine alte, etwas gebeugte, faltige Frau des Weges. Das Kind stürzt auf sie zu und ruft: „Da ist sie ja! Das ist meine

Mutter!“ (Du findest diese Sesamstraßenfolge tatsächlich auf Youtube.)

Ich hatte gedacht, die Moral der Geschichte sei, dass das Kind in seiner Naivität und eingeschränkten Weltsicht die Realität nicht sehen konnte. In Wirklichkeit war es in diesem Moment die einzige Person, die die wahre Schönheit seiner Mutter sehen konnte, die mit der „Ware Schönheit“ nichts zu tun hat.

Es kann jedoch gut sein, dass im nächsten Moment der Geschichte, in dem die Mutter ihr Kind in den Arm nimmt, plötzlich der ein oder andere ebenfalls ihre Schönheit sehen kann. Es ist immer die Schönheit des Moments, des Nach-Hause-Kommens, das in dir stattfindet. Schönheit ist immer nur einen Einblick („Insight“) entfernt. Wir haben es alle immer wieder gehört und doch nicht gehört: Schönheit kommt von innen. Aber sie kommt immer aus deinem Inneren. Einfach so schleicht sie sich an und schwupps überrollt sie dich mit einem wunderschönen Gefühl und schaudert durch dich hindurch. Die Welt ist ein Inside-out-Beautysalon!

Und nun noch der obligatorische Hinweis zu möglichen Nebenwirkungen der 3PS, auch ohne Anwendung – da es keine Anwendung gibt ☺

Die drei magischen PS sind so etwas wie ein Turbobeschleuniger. Sie verwandeln Stroh schneller in Gold, als Tauben die Guten ins Töpfchen und die Schlechten ins Kröpfchen sortiert haben. So kannst du in jedem Moment, im nächsten Augenblick eine neue schönste Frau der Welt und einen neuen Mister Universe erblicken. Und das in der Regel dort, wo du niemals nach ihnen gesucht hättest. Die 3 PS werden gegebenenfalls auch vor deiner eigenen Mutter nicht haltmachen, egal, wie lange du deine Geschichte über sie schon in Stein meißelst, und egal, ob sie schon tot oder für dich gestorben ist, denn in deiner Erinnerung lebt sie ohnehin ewig – immer neu zum Leben erweckt von dir – so oder so! Eines Tages siehst du vielleicht plötzlich, dass sie die schönste Frau der Welt ist. Du hattest diese Schönheit nur unter ganz vielen Gedanken verbuddelt. Und nun musst du sie nicht einmal ausbuddeln, da Gedanken ja aus Nichts bestehen. Sobald du die Gedanken nur kurz mal nicht denkst, kann die Schönheit wieder ungehindert strahlen. Du musst nur aufhören, ihr immer wieder Dreck ins Gesicht zu werfen.

Schönheit entsteht einfach so, im Augenblick. Kannst du also gar nichts tun, um sie anzulocken? Mavis sagt: „Das Leben ist ein Picknick, bring Liebe mit!“ In der Liebe ist alle Schönheit geboren worden. Schönheit ist aus Liebe gemacht.

Hier noch ein in Drei-Prinzipien-Kreisen kursierender Geheimtipp: Auch im tiefen Zuhören („Deep Listening“) soll schon so manche Schönheit entdeckt worden sein! Noch so ein Eldorado der Schönen und (Herzens-)Reichen, in dem sich das Tummeln lohnt.

Nun, wer ist die nächste Schönste im ganzen Land?

Du wirst sie treffen, die schönste Frau der Welt. Es ist unvermeidlich, immer wieder und immer öfter wirst du sie treffen. Sie wird sich immer mal wieder in einem anderen Körper zeigen (durchaus auch in einem männlichen), denn der Körper ist nicht das, aus dem sie gemacht ist.

Frag deinen Spiegel: „Spieglein, Spieglein an der Wand, wer ist die Schönste im ganzen Land?“ Und er wird wie alle Spiegel der Welt die Wahrheit sprechen: „Ihr seid die Schönste hier (und jetzt), aber nur einen Einblick entfernt wohnen noch Wesen ohne Zahl, die im nächsten Moment genauso in absoluter Schönheit erstrahlen wie Ihr!“

Aber da es eben das Leben ist, wechseln die Szenen. In der Sesamstraße passierte hinter den Kulissen vielleicht einen Moment später – als die Außenreportage von „Neues und Märchenhaftes aus aller Welt“ schon für die Zuschauerinnen abgeschlossen war – das Folgende: Wie aus heiterem Himmel wütet sich das Kind in einen Tobsuchtsanfall. Mit sich überschlagender Stimme schreit es seine Mutter an: „Wo warst du?

Du hast mich ganz alleine gelassen … Ich hasse dich!" Da wäre dann jemand kurz mal wieder rausgefallen aus dem Reich des Schönen und Guten. So ist es eben, das Leben. Der kleine Prinz hätte den Kopf geschüttelt, dass da schon wieder jemand den Zug nach Dramaland genommen hätte … Das Kind wäre irgendwann wieder ausgestiegen aus dem Zug und wäre wieder nach Hause zurückgekehrt.

Und was ist nun mit den 3 PS? Tja, dein Leben hängt davon ab, während du in deiner Hängematte abhängst! Je mehr du dich dort entspannst, egal wie aktiv du da draußen erscheinst, desto märchenhafter wird dein Leben werden. Und wenn du wirklich entspannt zuhörst und ganz still wirst, werden dir die drei Pfeiler eines Tages selbst ihre Magie offenbaren … Neues und Märchenhaftes aus aller Welt findest du überall! Alles ist immer nur eine Einsicht (einen „Insight") entfernt!

Wenn das kein märchenhaftes Leben ist …

Kerstin Wolff *arbeitet als sogenannte Sonderpädagogin in der schulischen Inklusion, immer stärker ahnend, dass der Kern aller Arbeit die zunehmende Erkenntnis des eigenen Eingebundenseins ins perfekt unperfekte Leben ist. Besonders in der Natur, beim Singen und beim Zuhören lässt sie sich immer öfter in die weit geöffneten Arme der Präsenz fallen. Mit Hunden und Büchern lebt sie in einem zumeist unaufgeräumten, kleinen Holzhaus auf dem Land zwischen Paderborn und Höxter – dort, wo sich die Brüder Grimm einst Gute Nacht sagten.*

Du erreichst die Autorin unter der E-Mail-Adresse: kerkiwolff@aol.com

Weiterführende Links & Literaturempfehlungen

Webseiten

Auf Deutsch:

- http://meingeheimesleben.com
- https://dreiprinzipien.org
- https://www.3pdach.org

Auf Englisch:

- http://sydbanks.com
- https://3pgc.org

Podcasts

Auf Deutsch:

- *Insights-inside* mit Silvia Chytil, Sandra Heim, Shailia Stephens & Lea Maria Wernli: https://insights-inside.com

In Englisch:

- *Caffeine for the Soul* mit Michael Neill: https://www.michaelneill.org/podcast
- *A Little Peace of Mind* mit Nicola Bird: https://alittlepeaceofmind.co.uk/podcast
- *Changeable* mit Dr. Amy Johnson: https://dramyjohnson.com/changeable-podcast
- *Get Clarity* mit Jamie Smart: https://www.jamiesmart.com/claritynow

---

Literaturempfehlungen

Aepli, Isa: Denkst du noch oder lebst du wieder? Glücklich mit den 3 Prinzipien. ISBN 978-3754302507.

*Campsall, Christa mit Kathy Marshall Emerson: Mein inneres Wissen. Handbuch für Lehrer*innen. ISBN 978-1771435130.*

Bettinger, Dicken & Natasha Swerdloff: Der Weg nach Hause. Entdecke das Fundament Deines psychischen Wohlbefindens. ISBN 978-1678466138.

Neill, Michael: Die Inside-out-Revolution. Das Einzige, was du wissen musst, um dein Leben für immer zu verändern. Kindle-Ausgabe.

Neill, Michael: The Space Within. Finding Your Way Back Home (nur auf Englisch). ISBN 978-1781806487.

Pransky, George: Das Beziehungshandbuch. Ein einfa-

cher Leitfaden zu erfüllenden Beziehungen. ISBN 978-1975935429.

Pransky, Jack: Das hätte uns jemand sagen sollen! Einfache Wahrheiten für ein gutes Leben. ISBN 978-1534821132.

Quiring, Linda: Jenseits aller Glaubenssätze. Die verlorenen Lehren von Sydney Banks. ISBN 978-1771434942.

Studley, Chana: Schmerzlos: Ein Roman über chronische Schmerzen und die Geist-Körper-Verbindung. ISBN 979-8714677588.

Symons, Katja: Das illustrierte Handbuch für weniger Stress. Einführung in die Drei Prinzipien nach Sydney Banks. ISBN 978-1077237353.

Tucker, Jane: Einsichten. Botschaften von Hoffnung, Frieden und Liebe. ISBN 979-8754063181.

Wernli, Lea Maria: Weniger Sorgen, mehr Spaß. Ein Buch voller Impulse für mehr Freude am Leben. ISBN 979-8639750168.

Impressum:

Saskia Schulte
Alte Lindenstraße 14
68642 Bürstadt

ISBN: 9798834945536
Imprint: Independently published

Bibliografische Information der Deutschen Nationalbibliothek: Die Deutsche Nationalbibliothek verzeichnet diese Publikation in der Deutschen Nationalbibliografie; detaillierte bibliografische Daten sind im Internet über dnb.dnb.de abrufbar.

Printed in Poland
by Amazon Fulfillment
Poland Sp. z o.o., Wrocław

91896812R00110